Geronimo – mit den Augen eines Pferdes

Monika

Lydia Albersmann

Geronimo

Mit den Augen eines Pferdes

Bibliografische Information der Deutschen Bibliothek:

Die Deutsche Bibliothek verzeichnet diese Publikation in der deutschen Nationalbibliografie; detaillierte bibliografische sind im Internet über http://dnb.ddb.de abrufbar.

4. Auflage

Überarbeitet nach den Regeln der neuen Rechtschreibung.

Impressum:

 Die Erstauflage wurde 2004 unter dem Geburtsnamen der Autorin, Lydia Schweigert, verfasst.

Herstellung und Verlag: Books on Demand GmbH, Norderstedt. Printed in Germany.

ISBN: 978-3-8370-7468-0

Text, Illustration, Layout und Umschlaggestaltung:
Lydia Albersmann - www.lydia-albersmann.de

Inhaltsverzeichnis:

Vorwort

Hallo Freunde!

Bevor ihr nun meine Geschichten lest, möchte ich mich noch bei euch bedanken. Mein Name ist Geronimo, meine Freunde nennen mich Ronny. Es freut mich sehr, dass ihr euch für die Geschichten meines Lebens interessiert. Viele Leute interessieren sich leider viel zu wenig dafür, was in unseren Köpfen wohl vorgehen mag. Aber nein – denkt jetzt bitte nicht, ich sei ein verbittertes altes Pferd, das euch nur traurige Geschichten über missverstandene Pferde erzählen will. Das ist nicht meine Art. Ich werde euch zum Schmunzeln bringen, zum Lachen – und vielleicht auch manchmal ein bisschen zum Nachdenken, wenn ich euch jetzt über mein Leben berichte. Vielleicht könnt ihr uns nach diesem Buch ein kleines bisschen besser verstehen, oder vielleicht versucht ihr es wenigstens häufiger. Wir sind ja keine „Unpferde“, wir erkennen auch schon den guten Willen an! Die von den Menschen oft als „Mistviecher“ bezeichneten Pferde, (bitte entschuldigt meine Ausdrucksweise, ich habe das Wort von Menschen in einem Reitstall aufgeschnappt), wären gar keine „M …“ (ich will das böse Wort nicht schon wieder benutzen), wenn sich die Menschen mehr Gedanken über uns machen würden.

Nun - ich will mich jetzt mal als Vermittler betätigen und versuchen, auf meine Weise Dolmetscher zwischen Mensch und Pferd zu spielen. Und ganz nebenbei sollt ihr auch noch euren Spaß bei der Geschichte haben …

Mein erster Tag auf dieser Welt

Die letzten Tage im Bauch meiner Mama habe ich sehr genossen. Es war schön mollig warm und gemütlich und ich wurde mit Nahrung versorgt, ohne mich dafür anstrengen zu müssen. Obwohl es zum Schluss ein bisschen eng war, wäre ich gerne noch im Bauch meiner Mama geblieben. Mama „Cora" sah das allerdings ganz anders. Ich wurde ihr langsam zu schwer und jede Bewegung mit dem dicken Bauch, der durch mein Gewicht schon richtig durchhing, strengte sie sehr an. Eigentlich war ich auch schon längst „ausgezählt". Das heißt, der Termin, den der Tierarzt für meine Geburt errechnet hatte, lag schon zehn Tage zurück. Es war aber noch sehr kalt draußen und ich konnte mich eben einfach noch nicht dazu überwinden, diesen herrlich gemütlichen Ort zu verlassen.

Am 12. März schließlich, 12 Tage nachdem ich „ausgezählt" war, wurde das Wetter schöner, die Temperaturen milder, und irgendwie wurde es mir nun allmählich auch zu eng in Mamas Bauch. Ich wurde neugierig darauf das Licht der Welt zu erblicken. Ich fühlte, dass auch Mama Cora langsam nervös wurde. Normalerweise schlenderte sie den ganzen Tag grasend über ihre große Wiese, wobei es lustig und sanft in ihrem Bauch wippte und schaukelte. Heute aber hielt sie sich immer in der Nähe des großen Stalles auf. Unser Stall war tagsüber immer offen, damit wir rein und raus konnten, wie wir wollten. Warum ist sie heute so nervös, fragte ich mich. Sie war doch sonst immer so ruhig und ausgeglichen. Ich hatte sie noch nie so unruhig erlebt wie heute. Soweit es in der Enge des Bauches möglich war, hielt ich Ausschau nach dem Ausgang aus Mamas Bauch. Mein Kopf lag ganz flach auf meinen Vorderbeinen, und nach meiner Logik, musste irgendwo in dieser Richtung auch der Ausgang liegen. Leider konnte ich aber nicht viel erkennen, und erst recht konnte ich mir nicht vorstellen, wie ich *da* jemals raus kommen sollte. Einen Tag zuvor hatte ich den Tierarzt draußen noch sagen hören, dass alles in Ordnung sei und es bald losgehen müsse. Aber ich konnte mir beim besten Willen nicht vorstellen, wie das alles funktionieren sollte. Ich wurde etwas unruhig und versuchte ein bisschen mit den Hinterbeinen zu strampeln, aber es half nichts. Auch unsere Pferdepflegerin wirkte nervös. Immer wieder kam sie, um zu sehen, ob es meiner Mama gut ging. „Die Milch läuft schon“, hörte ich sie zu unserem Besitzer sagen, „diese Nacht kommt es bestimmt.“ *Was???* Die Milch läuft? Aber die ist doch für mich zum Trinken! Wovon soll ich denn leben, wenn ich erst mal auf der Welt bin und die Milch schon vorher ausgelaufen ist? Ich war entsetzt! Später erfuhr ich, es ist wohl ganz normal, dass kurz vor der Geburt schon Milch aus dem Euter der Mutterstute läuft. Kein Grund zur Sorge, es kommt genug Milch für das Fohlen nach. Aber ich kann euch sagen – in dem Moment, war ich erst mal ganz schön geschockt!

Draußen wurde es langsam dunkel. Meine Mama hatte ihr Abendfutter schon bekommen, und die Stalltür war jetzt zu. Alles war ruhig. Unsere Pferdepflegerin hatte sich mit einer Wolldecke und einem Pferdebuch auf einen Strohballen vor unsere Box gesetzt. Eine kleine, schummrige Lampe gab gerade so viel Licht, das sie uns beobachten und in ihrem Buch lesen konnte. Um uns herum war alles still und ruhig, nur meine Mama wurde immer unruhiger. Sie hatte vor mir schon drei Fohlen bekommen, aber es war jedes Mal etwas ganz

Besonderes für sie, wie sie mir später erzählte. Sie begann leicht zu schwitzen, obwohl es gar nicht warm war, legte sich hin, stand wieder auf, legte sich wieder hin, stand wieder auf … Mir wurde schon ganz schwindlig von dem ganzen Hin und Her! Dann blieb sie liegen. Na endlich mal Ruhe! Ups! Was war denn das? Irgendwas hat mich geschoben! Ups! Schon wieder! Wer schiebt denn da? Ist hier etwa noch einer drin, den ich noch gar nicht bemerkt habe? Ups, noch ein Schubs! (Man nennt es wohl „Wehen", wie ich später erfuhr.) Mit diesen Wehen wurde ich also Stück für Stück in die Richtung geschoben, in der ich auch schon den Ausgang vermutet hatte. An meinen kleinen Vorderhufen wurde es jetzt kühler. Waren die etwa schon draußen? Ups – wieder wurde ich ein Stück geschoben. Hey! Jetzt wird es aber ungemütlich hier! Was soll das? Mein Kopf ist ja ganz eingequetscht! Ups – jetzt wird es auch an meinem Kopf kühler, dann folgt eine kleine Pause. Nein, bequem ist das nicht! Jetzt habe ich das Gefühl, dass mein Bauch eingequetscht ist, und beginne wütend zu strampeln. Ups – es geht weiter. Na endlich! Wieder rutsche ich ein Stück weiter, und jetzt spüre ich die kühle Luft auch an meinem Bauch. Ich stecke immer noch in der Hülle, die mich schon in Mamas Bauch umgab, aber jetzt wird sie mir lästig. Ich strampele mit den Vorderbeinen, bis die Hülle reißt. Jetzt kann ich plötzlich mit meinen Nüstern, (so heißen meine Nasenlöcher), Luft einatmen! Wow! Das ist ja ein tolles Gefühl! Meine Mama steht jetzt einfach auf, und auch meine Hinterbeine flutschen aus ihrem Bauch. Mir ist noch ein bisschen schwindelig von der ganzen Quetscherei. Wie ich schon richtig vermutet hatte – der Ausgang war viel zu eng für einen komfortablen Ausstieg! Was soll's – ich habe es trotzdem geschafft. Meine Mama hat sich zu mir umgedreht und leckt jetzt liebevoll mein Fell trocken. Mein Gott ist die schön! Sie ist schneeweiß, was man bei Pferden „Schimmel“ nennt. Und obwohl sie von der Geburt ziemlich geschafft ist, wirkt sie unglaublich anmutig und schön! Sie hat große, dunkle Augen, aus denen sie mich liebevoll und stolz ansieht, während sie zärtlich mein Fell leckt. Das tut gut! Ich genieße es, denn das ist genau das, was ich jetzt brauche! Auch unsere Pflegerin ist nun in unsere Box gekommen. Sie reibt mein Fell mit Stroh ab und streichelt mich liebevoll. Auch sie scheint sehr stolz und glücklich zu sein, sie hat sogar Freudentränen in den Augen. Zwar war sie schon bei vielen Pferdegeburten dabei, aber auch für die Menschen scheint es jedes Mal etwas ganz Besonderes zu sein, wenn ein Fohlen zur Welt kommt. Dann holt sie ein kleines Ding aus der Tasche und spricht hinein. Zunächst verstehe ich nicht, was das soll. Später erfahre ich, dass man es „Handy“ nennt, und die Menschen sich dadurch unterhalten können, auch wenn sie ganz weit voneinander entfernt sind. Ihre Stimme klingt noch ganz aufgeregt, als sie mit unseren Besitzern spricht: „Es ist ein Hengstfohlen, bildhübsch, alles ist gut gelaufen.“ *Gut gelaufen?* Ich hör wohl nicht recht! Ich habe mich abgemüht, um da raus zu kommen, bin jetzt noch ganz geschafft, und die sagt *alles gut gelaufen?* Na, *die* hat gut reden, sie hat ja auch nur zugesehen! Aber was hat sie noch gesagt? Hengstfohlen? Das heißt also ich bin ein Junge. Bildhübsch? Bin ich das? Ich fühle mich geschmeichelt. Sonja begutachtet derweil das komische Gebilde, das inzwischen aus meiner Mama raus gekommen ist. Man nennt es „Nachgeburt“, und es ist ganz wichtig, dass es komplett ist, denn sonst kann die Mutter ganz schwer krank werden, eine sogenannte „Geburtsrehe“ bekommen. Bei uns war aber zum Glück alles okay. Nachdem unsere Pflegerin – sie heißt übrigens Sonja – die Nachgeburt also gründlich inspiziert hatte, räumte sie das Ding weg und streute uns frisches Stroh in unsere Box. Es war zwar schon eine dicke weiche Lage Stroh vorhanden, aber das war ganz zerwühlt und feucht von der Geburt. Ich lag noch im Stroh und ruhte mich von den Strapazen aus, aber langsam bekam ich Kohldampf! Ich wusste instinktiv, dass ich mich an meine Mama wenden musste, um meinen Hunger zu stillen. Es hat mir niemand gesagt, ich wusste es einfach. Mama Cora hatte mein Fell inzwischen fast trocken geleckt und stupste mich aufmunternd mit der Nase an. „So, kleiner Mann, jetzt wird es langsam mal Zeit aufzustehen“, hörte ich Sonja sagen. Aha! Die beiden schienen sich also einig zu sein. Na, dann mal los! Ich sah auf meine Beine und überlegte, wie ich sie so sortieren kann, dass sie genau so unter dem Bauch stehen wie bei meiner Mutter. Dabei fiel mir auf, dass Sonja nur zwei Beine hatte, auf denen sie stand. Und ehrlich gesagt – es ist mir bis heute ein Rätsel, wie die Menschen darauf die Balance halten können. Jetzt aber musste ich mich erst mal um meine eigenen Beine kümmern und herausfinden, wie man sie sortieren muss. Ich stemmte mich also mit aller Kraft ab, hob meinen kleinen Körper ein Stück an, und plumps – da landete ich wieder im weichen Stroh! Hui, das ist viel schwieriger als es aussieht! „Ja, versuch es noch mal, du schaffst es!“, ermunterte mich meine Mutter. Okay, jetzt aber mit Volldampf! Eins – zwei – drei – hopp – für eine Sekunde stand ich auf meinen wackeligen Beinen und plumps – landete ich schon wieder im Stroh! Ob mit mir alles in Ordnung ist? Mamas Beine wackeln gar nicht, sie kann ganz ruhig darauf stehen. Seltsam! Nicht einmal Sonja wackelt auf ihren Beinen, obwohl die nur Zwei davon hat. Ich begann mir allmählich Sorgen zu machen und sah mir alles noch einmal ganz genau an. Hm – meine Beine waren schon fast so lang wie die meiner Mama, aber mein Körper war doch viel, viel kleiner. Wie sollte das denn gehen?

Mir kamen Zweifel, ob ich es jemals schaffen könnte. Zum Glück hatte Sonja jede Menge weiches Stroh auf den Boden und an die Wände gelegt, sodass es mir nicht weh tat, wenn ich umfiel. Also versuchte ich es noch einmal, irgendwie *musste* es doch gehen! Jetzt aber – schwupp – ich stehe!!! Ui, ui, ui, das wackelt aber ganz schön! Sonja hilft mir jetzt ein bisschen, indem sie mich ganz leicht mit ihren Händen stützt. Jippijeeee, ich kann stehen! Vor lauter Freude und Übermut mache ich einen kleinen Hopser, und platsch - da lande ich schon wieder im Stroh! Sonja lacht. *Sehr witzig!* Ich finde das jetzt gar nicht komisch, ich habe Hunger! Also noch ein Versuch. Diesmal klappt das Aufstehen schon ganz gut. Na also! Ich stehe wackelig, aber ich stehe. Okay, jetzt bloß nicht wieder übermütig werden. Ich versuche diese langen staksigen Beine erst mal einzeln zu bewegen, so wie es Mama Cora macht. Ah ja, so geht es besser. Mama Cora stellt sich jetzt ganz nah neben mich. Nett von ihr, dann brauche ich nicht so weit auf diesen wackeligen Dingern, die man Beine nennt, zu laufen. Mein Instinkt sagt mir, dass ich irgendwo bei meiner Mama meinen Hunger und Durst stillen kann. Na, dann wollen wir mal schauen …

Ich beginne vorne zu suchen, kann aber nichts finden. Wo soll das denn hier sein? Wie es mir mein Instinkt befiehlt, sauge ich. Ich sauge überall, wo ich etwas packen kann. An Mamas Vorderbeinen, an ihren Nüstern, an ihrem Ohr - nichts! Wenn ich gewusst hätte, wie schwierig das hier draußen alles ist, wäre ich lieber in Mamas Bauch geblieben. Da hatte ich all diese Probleme nicht. Grrrrr… Mein Magen knurrt. Ja, ja, ich suche ja schon weiter! Ich suche wirklich alles ab – nichts zu finden! Hab ich es mir doch gedacht! Mama hat die ganze Milch schon auslaufen lassen, bevor ich geboren bin! Na toll – und was wird jetzt aus mir? Muss ich nun verhungern? Sonjas Stimme unterbricht meine düsteren Gedanken. „Na, kleiner Mann, soll ich dir mal helfen?“, fragt sie schmunzelnd. Soll ich jetzt etwa auf die Schnelle auch noch Menschensprache sprechen lernen, oder was soll diese blöde Frage, denke ich verärgert. Nicht nötig – entweder kann Sonja meine Gedanken lesen, oder sie hat es an meinem verzweifelten Gesichtsausdruck erkannt. Jedenfalls erwartet sie keine Antwort von mir, sondern hält mir einen Finger vor mein weiches und noch zahnloses Fohlenmäulchen. Ich weiß nicht warum, aber das fühlt sich irgendwie schon richtiger an. Ich nuckele und sauge also an diesem Finger, aber es kommt einfach nichts raus. Menno, bald brauch ich aber mal was zu futtern! Vielleicht muss ich noch mehr saugen? Hey! – Halt! – Stopp! Was soll denn das jetzt schon wieder? Sonja zieht den Finger langsam weg, in Richtung Mamas Bauch. Ich bleibe hartnäckig dran und folge ihm auf meinen wackeligen Beinen. Mama Cora steht ganz still. Jetzt führt mich der Finger unter Mamas Bauch. Was soll ich denn hier? Als wir am Ende des Bauches bei den Hinterbeinen angekommen sind, zieht Sonja den Finger aus meinem Mäulchen, und ich kann plötzlich riechen, dass ich ganz nah dran sein muss! Ich kann die Milch riechen – hier muss es irgendwo sein! Da! Da hängt eine Art Beutel, man nennt ihn „Euter“. An diesem Euter sind zwei Zitzen, die ähnlich fohlenmaulgerecht zu sein scheinen, wie Sonjas Finger. Ich sauge daran und – mmmhh… *das* ist es! Leckere, warme Milch strömt in mein hungriges Mäulchen. Und nebenbei bemerkt – diese Zitzen sind noch viel fohlenmaulgerechter als Sonjas Finger. Mmmhh, köstlich diese Milch! Und sie gibt mir Kraft nach den furchtbar anstrengenden Aufstehversuchen. Genau das, was ich jetzt brauche! Natürlich hätte ich es auch ohne Sonjas Hilfe geschafft – schließlich habe ich ja meinen Instinkt, aber so ging es doch etwas schneller.

Inzwischen waren auch meine Besitzer eingetroffen um mich zu bestaunen, aber ich ließ mich nicht stören. Erst mal musste ich mir den Bauch vollschlagen, immerhin hatte ich gerade Schwerstarbeit geleistet! „Mein Gott ist der süüüüüß!", säuselte ich die Frau verzückt. „Und wie groß und kräftig der ist!" „Aber guck mal, wie krumm der ist!", brummte der Mann und schaute dabei missbilligend auf meine Beine. „Das ist doch ganz normal, das wächst sich schon gerade!", erwiderte Sonja etwas giftig und verdrehte dabei die Augen. Sie warf dem Mann genau so einen beleidigten Blick zu, wie meine Mama in diesem Moment. Die Beiden schienen sich mal wieder einig zu sein. Und es gefiel ihnen gar nicht, wie der Mann über meine krummen Beine spottete. Ich verstand das alles noch nicht so ganz, aber es soll sich später noch herausstellen, dass diese zweibeinigen Wesen mir immer wieder Rätsel aufgeben würden. In diesem Moment aber kümmerte mich das noch nicht. Nachdem ich genug getrunken hatte, schaute ich mich erst mal um. Meine Besitzer kamen in die Box und wollten mich gleich anfassen. Das war mir aber noch nicht ganz geheuer, so versteckte ich mich schnell hinter meiner Mama. Sicher ist sicher! Ich wunderte mich selbst, woher ich das alles schon wusste. Erst später fand ich heraus, dass dies alles mit unseren Instinkten zusammenhängt. Unser „Fluchtinstinkt" zum Beispiel sagt uns: Wenn du etwas ganz Neues siehst – erst mal abhauen! Das hat unseren Vorfahren in der Wildnis schon oft das Leben gerettet, und man weiß das einfach so – von Geburt an! Ist das nicht toll? Aber man weiß auch, dass man sich auf seine Mama verlassen kann und besonders am Anfang immer ganz nah bei ihr bleiben muss. Also versteckte ich mich hinter ihr und begutachtete diese neuen Menschen skeptisch unter dem Hals meiner Mutter hindurch. Cora blieb ganz ruhig stehen und ließ sich von ihnen streicheln. Dann gaben sie ihr auch noch kleine Vitaminbrocken, so genannte „Leckerlis“, die ihr sehr gut zu schmecken schienen. Jetzt wurde ich aber neugierig! Vorsichtig kam ich aus meinem Versteck und ging näher heran. Mit meinen Beinen kam ich jetzt schon ganz gut klar. Sie gehorchten mir jetzt schon besser, obwohl es längst noch nicht so elegant aussah, wie bei Mama Cora. Ich schlich mich also vorsichtig an unsere Besitzer heran und ließ mich sogar von ihnen streicheln. Leckerlis konnte ich natürlich noch nicht fressen, denn Fohlen haben ja zuerst – genau wie Babys – noch keine Zähne. Das ist ganz sinnvoll, denn so können wir unseren Mamas beim Milchtrinken auch nicht weh tun. Ich weiß zwar nicht, wer sich das alles ausgedacht hat, aber das ist alles ganz schön clever geregelt. Nach ein paar Minuten streicheln, meldete sich mein Hunger schon wieder und ich ging noch mal an Mamas Milchbar. Dieses Mal fand ich sie auch sofort und ganz alleine. Gelernt ist eben gelernt!

Inzwischen wurde es auch schon hell draußen und Sonja sagte zu den Besitzern: „Wir sollten den Beiden jetzt etwas Ruhe gönnen, und es ist auch schon fast Zeit für die Morgenfütterung. Ich muss rüber in den anderen Stall“. Was es mit diesem „anderen Stall“ auf sich hatte, würde ich später herausfinden - jetzt musste ich erst mal ein Nickerchen machen. Es ist nämlich ganz schön anstrengend, auf der Welt zu sein!

Ich hatte noch gar nicht richtig ausgeschlafen, als ich durch ein leises, blubberndes Wiehern geweckt wurde. Was war das? Hatte ich das geträumt? Das waren doch *zwei* Pferdestimmen! Meine Mama hatte geblubbert, aber da war *noch* ein Pferd. Ich stand auf, um nachzusehen. Das klappte jetzt übrigens schon prima und ich war mächtig stolz, so schnell auf den Beinen zu sein. Und tatsächlich: Gegenüber von unserer Box war noch eine Box. Genau so riesengroß, hell und luftig wie unsere. Das hatte ich gestern völlig übersehen! Na ja, ich war ja auch sehr mit meinen Beinen und der Suche nach Mamas Euter beschäftigt. Aber jetzt musste ich mir das erst einmal genauer ansehen. Ich musste mich anstrengen und meinen kleinen Hals ziemlich lang machen, um über die Trennwand blicken zu können. Dort stand noch eine Stute. Sie sah ganz anders aus als meine Mama. Sie hatte rotbraunes Fell und einen lustigen weißen Punkt auf der Stirn. Ich konnte leider nicht alles von ihr sehen, weil diese Trennwand die Sicht verdeckte. Sie sah mich freundlich an und begrüßte mich mit einem leisen Wiehern. Von draußen drangen Menschenschritte und Stimmen in meine kleinen Ohren. Es war Sonja mit einem fremden Mann. Schnell hinter meine Mama! Sie kamen in unsere Box und ich beäugte erst mal ganz skeptisch, wie sich Mama Cora nun verhalten würde. Doch sie blieb ganz gelassen stehen und ließ sich von dem fremden Mann anfassen. Sie schien ihn zu kennen. Sonja erzählte ihm den ganzen Ablauf der Geburt, aber aus ihrer Sicht hörte sich das alles viel einfacher an, als es tatsächlich war! Sie fand diese ganze Quetscherei völlig normal. Und anstatt ihm zu erzählen, wie viel Mühe es mich gekostet hatte, meine Beine zu erziehen, sagte sie nur: „Der Kleine war schnell auf den Beinen.“ Pah! Das hörte sich ja an, als wäre es ein Kinderspiel gewesen! Das war *Schwerstarbeit,* liebe Sonja! Ich war empört!

„Na komm mal raus und zeig dich, kleiner Mann!“, forderte Sonja mich auf. „Du brauchst dich doch nicht zu verstecken, so hübsch, wie du bist.“ *Deswegen* versteckte ich mich auch nicht, ich wollte mir erst mal aus sicherer Entfernung diesen fremden Mann ansehen. Da Mama Cora aber immer noch ganz gelassen blieb und sich von diesem Kerl sogar anfassen ließ, wurde ich mutiger. Sonja streckte eine Hand nach mir aus. So ging ich dann erst mal zu ihr, wobei ich den Mann immer im Auge behielt. Sicher ist sicher! Der fremde Mann sah sich meinen Bauchnabel an und Sonja erklärte, sie habe ihn schon desinfiziert. Was? *Meinen* Bauchnabel? Das habe ich ja gar nicht mitbekommen! Und was ist überhaupt *desinfizieren*? Jetzt wurde mir das alles zu kompliziert! Ich drehte mich um, und ließ erst mal einen Haufen fallen. Die kleinen runden Pferdeäpfelchen landeten fast genau auf dem Schuh des fremden Mannes, der übrigens unser Tierarzt war. „Na prima, das funktioniert ja auch schon einwandfrei!“, hörte ich die Beiden sagen, während sie sich meine Äpfelchen genau betrachteten. Na klar! Das war ja wohl die leichteste Übung, das geht doch fast ganz automatisch, dachte ich mir. Ich wunderte mich, warum sich diese seltsamen zweibeinigen Wesen so sehr über einen einfachen Haufen freuten. Menschen schienen komisch zu sein. Nett, aber irgendwie seltsam. (Viel später erst erfuhr ich, dass die Verdauung ein ganz, ganz wichtiges Thema ist, und erst dann konnte ich mir dieses merkwürdige Verhalten erklären. Zunächst aber blieb es mir ein Rätsel). Während ich mich noch über ihr komisches Verhalten wunderte, piekste mir dieser Tierarzt plötzlich blitzschnell in den Hals. Hey! Was soll das denn jetzt? Aber es war schon vorbei. Na ja, eigentlich war es auch gar nicht so schlimm, aber was erlaubte dieser Kerl sich? Es war eine sogenannte Impfung. Die soll uns vor einer sehr schlimmen Krankheit schützen, an der wir Fohlen sogar sterben könnten, wenn wir nicht geimpft sind. Na ja, unter diesen Umständen – okay. Trotzdem hatte ich für heute genug von diesem Tierarzt, ich hatte jetzt erst mal Hunger! Während ich mein Frühstück genoss, redeten diese Zweibeiner noch viel seltsames Zeug über „Abstammung“ und andere Dinge, die ich nicht verstand. Es war mir auch egal – für mich gab es viel Wichtigeres zu tun: Milch trinken, schlafen, die Welt entdecken, und nebenbei auch noch die langen Beine dressieren, damit sie mich da hintragen, wo ich hin will. Ganz schön viel Arbeit für ein Fohlen, das kann ich euch sagen! Sonja fütterte meine Mama und die andere Stute, die „Laska“ hieß, und verschwand dann mit dem Piekse-Mann. Gut – ich konnte noch eine Pause gebrauchen, ich hatte nämlich noch gar nicht ausgeschlafen. Fohlen brauchen schließlich viel, viel Schlaf!

Ich weiß nicht, wie lange ich geschlafen hatte, als ich schon wieder durch Stimmen und Menschenschritte von draußen geweckt wurde. Da ich aber schon ziemlich ausgeschlafen war, stand ich auf und streckte mich genüsslich. Sonja und meine Besitzer kamen. Was die wohl wieder wollten? Dieses Mal würde ich jedenfalls gut aufpassen, dass mich nicht wieder jemand piekst, soviel stand fest. Ihr wisst schon - sicher ist sicher! Sonja zog Mama Cora ein seltsames Gebilde aus Riemen über den Kopf, an dem ein langer Strick befestigt war. „Das ist nichts Schlimmes, nur ein Halfter“, beruhigte mich Mama Cora, „Sonja bringt uns jetzt auf die Weide.“ Ich blieb skeptisch und drängte mich ganz dicht an meine Mama. Diesem Halfter traute ich noch nicht so ganz, und ich wunderte mich darüber, was sich meine tapfere Frau Mama alles gefallen ließ, ohne Angst zu haben. „Ooohhh kleiner Mann, du brauchst doch keine Angst zu haben!“, hörte ich Sonjas beruhigende Stimme. Aha – schon wieder waren sich Mama und Sonja einig. Hatten die sich etwa abgesprochen? Dann öffnete unsere Besitzerin unsere Boxentür, und das helle Sonnenlicht, das zuerst nur über die Trennwand fiel, durchflutete jetzt den ganzen Stall. Mama folgte Sonja einen Schritt vorwärts, ließ mich aber nicht aus den Augen. Ich blieb zunächst zögernd stehen und streckte meinen Hals, um einen Blick nach draußen werfen zu können. Dort gab es viele neue Gerüche, die in meine Nüstern strömten. Ich zögerte. Hier im Stall war ich – abgesehen von dem kleinen Pieks – sicher. Sollte ich diese Sicherheit jetzt aufgeben und mich *da* raus wagen? Schließlich war völlig ungewiss, was mich dort erwarten würde! Während ich noch zweifelte, wartete Sonja gelassen ab und hielt Mama Cora ganz locker am Strick. „Sollen wir ihn mal schieben?“, hörte ich unseren Besitzer fragen. „Nein, er muss sich doch erst mal alles ansehen!“ Sonja verdrehte wieder die Augen. „Wir müssen ihm einfach ein bisschen Zeit geben“, antwortete sie genervt. Ich wurde langsam neugierig. Die Neugier, was es da draußen wohl zu entdecken gab, überwog schließlich alle Zweifel und ich trat vorsichtig einen Schritt nach vorne. Mama Cora brummelte mir aufmunternd zu und ging einen weiteren Schritt voran. Diesmal zögerte ich nicht lange und machte auch noch einen Schritt. Noch einen und – schon stand ich auf der riesigen Wiese. Es war toll! Überall Gras und eine unglaubliche Weite! Ich riss meine Augen auf, soweit es nur ging, um auch wirklich alles sehen zu können. So stand ich erst mal da wie angewurzelt und staunte, wie schön die Welt war! Es hatte sich also doch gelohnt, den beschwerlichen Weg der Geburt zu gehen. Ein Glück - all die Strapazen und diese ganze Quetscherei beim Weg durch den engen Ausgang aus Mamas Bauch hatten sich also doch gelohnt. Und während ich noch so staunend da stand, hatte bemerkte ich gar nicht, dass Sonja meiner Mama das Halfter schon wieder ausgezogen, und inzwischen auch Laska, die Stute von gegenüber auf die Nachbarwiese gebracht hatte. Laska entdeckte ich erst, als sie ganz aufgeregt am Zaun auf und ab lief und immer wieder zu mir herüber brummelte. Hui! Diese Stute hatte einen kugelrunden Bauch! Ich erfuhr, dass auch Laska in den nächsten Tagen auch ein Fohlen bekommen sollte. Hurra! Ein Spielkamerad für mich! Ich freute mich schon darauf. Mama Cora begann gemütlich zu grasen. Ich drängelte mich ganz dicht an sie und sah mich weiter um. Die Menschen beobachteten uns. Es war alles so unfassbar schön! Übermut stieg in mir auf und ich hatte plötzlich das Bedürfnis, mal so richtig Gas zu geben. Ich wollte mich austoben und es überraschte mich selbst, wie gut ich meine Beine jetzt schon im Griff hatte. Ich konnte schon in drei verschiedenen Gangarten laufen - Schritt, Trab und Galopp, das volle Programm hatte ich schon drauf!

Zunächst drehte ich nur ganz kleine Runden um meine Mama, denn mein Instinkt sagte ja, dass ich in ihrer Nähe bleiben musste. Trotzdem konnte ich schon ganz schön schnell werden und zeigte stolz, wie gut ich meine Beine jetzt schon im Griff hatte. Hui, Galopp – sieh her du Menschenmann, von wegen krumm! Pah! Sieh dir nur mal an, wie du selbst daher schlurfst, und dann schau mich an! Mein Übermut steigerte sich. Ich machte meine ersten übermütigen Bocksprünge und platsch – da lag ich auch schon im Gras! Macht nix, schnell wieder aufspringen und weiter flitzen. Einfach so tun, als wäre das ein Teil meiner Showeinlage. Juchhuuuuuu! Das Leben ist schön!

Toben macht hungrig, so wurde es also wieder höchste Zeit für eine kleine Stärkung. Ich trank, während Mama Cora weiter graste, und Laska beobachtete uns immer noch aufgeregt über den Zaun hinweg. Sie kam gar nicht zum Grasen. Ich wäre gerne mal zu ihr hingegangen, aber meine Mama drängte mich immer vom Zaun weg und giftete Laska dabei mit angelegten Ohren an. Eigentlich waren die Beiden zwar beste Freundinnen, aber jetzt wollte mich Mama erst mal ganz für sich alleine haben. Als ich meine Mahlzeit beendet hatte, sah ich mich weiter um. In der Sonne glänzte meine schneeweiße Mama noch schöner. Ihre Mähne und ihr langer, dichter Schweif schimmerten silbrig, fast wie Perlmutt.

Ich sah ganz anders aus. Mein Fell war rabenschwarz. Von Kopf bis Huf und von den Ohren bis zum Schweif – alles schwarz. Schimmelfohlen werden nämlich dunkel geboren. Im Laufe der Jahre werden sie dann immer heller und heller, bis sie irgendwann genau so schneeweiß sind wie Mama Cora. Ja, ja, ich weiß - das könnt ihr euch jetzt vielleicht nicht vorstellen. Und um ehrlich zu sein, ich wollte es zuerst auch nicht glauben. Als ich Sonja zu unseren Besitzern sagen hörte: „Der wird Schimmel", dachte ich zunächst, sie sei völlig übergeschnappt! Mama Cora hat mir dann aber ganz genau erklärt, wie das mit den Schimmelfohlen läuft. Und Mama Cora muss es ja wissen. Erstens, weil sie sehr klug und erfahren ist, und zweitens, weil sie selbst so strahlend weiß ist. Ob schwarz oder weiß war mir aber ehrlich gesagt auch ziemlich egal – ich fand mich und die Welt einfach toll! Und ich war sehr froh, nun auf der Welt zu sein. Darum tobte ich auch immer wieder ausgelassen und übermütig um Mama Cora herum und war begeistert davon, was ich mit meinen Beinen schon alles anstellen konnte. Zwischendurch blieb ich dann einfach neben Mama stehen und wir genossen gemeinsam die herrlich wärmende Märzsonne, die uns auf den Pelz schien. Unsere Menschen waren inzwischen wieder verschwunden, aber das störte uns nicht. Wir beiden Hübschen kamen schließlich auch ganz gut ohne sie klar.

In einiger Entfernung konnte ich ein großes Gebäude erkennen, in dem noch ganz viele andere Pferde zu leben schienen. Hufgetrappel, Wiehern und Menschenstimmen konnte ich von dort aus über die Wiesen hören. In diesem geheimnisvollen Stall schien ein reges Treiben zu herrschen. Ich wäre zu gerne mal hingetrabt, um mich dort ein wenig umzusehen. Leider war unsere Wiese jedoch von einem Zaun umgeben, der dieses Vorhaben unmöglich machte. Aber auch hier auf unserer Wiese gab es ja auch genug Neues zu entdecken. Außerdem war es ja auch erst mein allererster Tag auf dieser Welt und ich hatte ja noch viel Zeit, sie gründlich zu erkunden.

Die Zeit auf der Wiese verging wie im Flug. Als Sonja dann kam, um uns wieder in den Stall zu bringen, war ich ganz schön müde vom Toben und den vielen neuen Eindrücken. So war ich dann auch froh, mich endlich wieder ausruhen zu können. Die Zeit, die wir auf der Wiese verbrachten, hatte Sonja genutzt, um unseren Stall auszumisten und jede Menge frisches Stroh aufzustreuen. Es duftete herrlich nach frischem Heu, Stroh und Frühling. Noch einmal fiel mir auf, wie froh ich war, nun endlich auf der Welt zu sein. Es hätte mich doch ziemlich geärgert, wenn ich diesen wunderschönen Tag verpasst hätte. Erschöpft, aber rundum glücklich und zufrieden schlief ich ein.

Endlich ein Spielkamerad

Es waren inzwischen einige Tage vergangen und ich entwickelte mich prächtig! Mit meinen Beinen hatte ich jetzt überhaupt keine Probleme mehr. Sie machten ganz genau das, was ich wollte. Jeden Tag durfte ich mit Mama Cora auf die Wiese und die Runden, die ich um sie drehte, wurden langsam größer. Manchmal tobte ich so wild, dass ich ganz aus der Puste war. Sonja freute sich darüber und sagte, das sei wichtig für meine „Entwicklung". Ich hatte ehrlich gesagt keine Ahnung davon, ob es *wichtig* war, es machte mir einfach Spaß. Und es gab jeden Tag etwas Neues zu entdecken! Zum Beispiel Hunde: Sonja hatte einen Hund, der sie auf Schritt und Tritt begleitete. Ich wunderte mich zwar, warum sie den noch nicht an meinem ersten Tag mitgebracht hatte, war mir aber sicher, dass es einen vernünftigen Grund dafür gab. Sie schien überhaupt recht vernünftig zu sein und dachte sehr viel darüber nach, wie sie unser Leben so schön und sicher wie möglich machen konnte. Sie versuchte immer so zu denken, wie wir Pferde denken. Und obwohl sie einen viel kleineren Kopf hatte als wir, gelang ihr das erstaunlich oft.

Aber zurück zu ihrem Hund: Als ich ihn zum ersten Mal sah, war ich ganz schön erschrocken! Ein Hund sieht ja nun ganz anders aus als ein Pferd, und er riecht auch ganz anders. Sonjas Hund war schwarz und zottelig, sein Rücken ist nur etwa halb so hoch wie meine Beine. Seltsam fand ich, dass er mit seinem Schweif wedelte, (beim Hund heißt es übrigens „Rute"), obwohl gar keine Fliegen da waren. Das war anfangs sehr verwirrend für mich. Hunde wedeln mit dem Schweif, wenn sie sich freuen, denn sie brauchen gar keine Fliegen damit abzuwehren. Ihr seht schon, es ist alles ganz anders bei Hunden. Trotzdem kann man ein bisschen mit ihnen spielen. Na ja, nicht so richtig wie mit einem Pferd, aber Sonjas Hund „Charly“ gab sich wirklich Mühe. Ab und zu kamen auch Spaziergänger an unseren Wiesen vorbei, und manche von ihnen hatten auch Hunde dabei. Die sahen allerdings alle unterschiedlich aus und waren meistens an einer Leine, sodass ich nicht mit ihnen spielen konnte. Wie langweilig! Dieser Weg, der an unseren Wiesen vorbei in den Wald führte, bot für uns Pferde ein sehr abwechslungsreiches Programm. Ich kann euch sagen – ich staunte, was es da alles zu sehen gab! Es war unglaublich! Menschen schoben ihre Fohlen, (Menschenfohlen nennt man ja „Babys“, wie ihr vielleicht schon wisst), in kleinen Wägelchen vor sich her, und wenn es regnete, hielten sie sich große bunte pilzförmige Gebilde über den Kopf! Manche Menschen fuhren auf seltsamen Drahtgestellen an der Wiese vorbei. Sogar in großen Blechkisten, die summende Geräusche machten, sah ich Menschen sitzen! Immer, wenn ich solche komischen Dinge zum ersten Mal sah, rannte ich schnell hinter Mama Cora und versteckte mich. Aber der schienen all diese seltsamen und verrückten Dinge gar nichts auszumachen! Da Mama sich nie über diese Dinge aufregte, und mir alles immer in Ruhe erklärte, gewöhnte ich mich auch schnell daran. Aber am meisten staunte ich über dieses Erlebnis: Ich döste gerade in der Sonne, als ich plötzlich näher kommendes Hufgetrappel hörte. Sofort war ich hellwach! Ich drehte meinen Kopf in die Richtung, aus der das Geräusch kam, und traute meinen Augen nicht! Da kamen zwei Pferde, auf deren Rücken Menschen saßen! Träumte ich etwa? *Menschen saßen auf Pferderücken,* und sowohl die Menschen, als auch die

Pferde taten so, als wäre das *ganz normal*! Ich konnte es nicht fassen.

Mama Cora lachte über mein Entsetzen und erzählte mir alles über die Menschen auf Pferderücken, die man wohl Reiter nennt. Ich war beeindruckt, denn meine Mama wusste einfach alles! Sie war früher selbst ein „Reitpferd“, genauer gesagt ein Springpferd. Und sie hatte bereits eine sehr erfolgreiche Turnierkarriere absolviert, bevor sie sich in den Mutterschaftsurlaub begab. Sie erzählte mir so viel über das Reiten und alles, was damit zusammenhängt, dass ich mir gar nicht alles merken konnte. Mir brummte der Kopf. Das Einzige, was ich mir erst einmal merkte, war, dass ich noch ein paar Jahre Zeit hatte, bevor es mit der Reiterei losging. Ich sollte erst einmal meine Jugend genießen. Und darüber war ich sehr froh.

Nach drei Tagen ließ Mama Cora es dann auch endlich zu, dass ich Laska durch den Zaun hindurch begrüßte. Ihr Bauch hing jetzt schon richtig durch, und sie bewegte sich sehr langsam und mühsam. Ihr Fohlen war eigentlich schon ausgezählt, aber das mit dem Zählen scheint bei den zweibeinigen Wesen wohl nicht immer so ganz zu klappen. Dabei konnte ich es doch kaum noch erwarten, endlich einen Spielkameraden zu bekommen! Sonjas Hund Charly gab sich ja wirklich Mühe, aber ein Ersatz für ein Fohlen war er nicht. Und außerdem war er ja auch meistens mit Sonja in diesem geheimnisvollen „anderen Stall“. Ich wollte einen Kameraden, der den ganzen Tag mit mir über die Wiese toben konnte. Laska war etwas älter als meine Mama, und sie hatte schon vier Fohlen. Vorher hat auch sie eine Turnierkarriere als Springpferd gemacht, aber sie war nicht ganz so erfolgreich wie Mama Cora. Mir war das egal. Laska sie war sehr nett, das war die Hauptsache. Und sie war genau so mutig und tapfer wie meine Mama. Es schien nichts zu geben, wovor die beiden Pferdedamen Angst hatten und sie waren alle beide sehr klug und weise. Ich bewunderte sie dafür.

Der Tierarzt war in den Tagen seit meiner Geburt auch noch öfter zu Besuch, aber er hat mich nicht mehr gepiekst. Er kam nur, um zu schauen, ob bei Mama, Laska und mir alles in Ordnung war. Statt mich zu pieksen, streichelte er bei diesen Besuchen nur meinen Hals. Damit war ich einverstanden. Sonja kam jetzt auch immer häufiger, um nach Laska zu sehen. Ich fragte mich, ob das wohl ein Zeichen dafür war, dass mein Spielkamerad bald kommen sollte? Ich war doch so gespannt auf ihn. Oder sollte es etwa eine „Sie" werden? Die Anspannung war kaum noch auszuhalten! Spät am Abend - es war schon ganz dunkel draußen - kam Sonja in unseren Stall. Sie hatte zwei Wolldecken dabei, die kleine schummrige Lampe und ihr Buch. Sollte das etwa heißen …? In der Nacht meiner Geburt hatte sie schließlich auch mir ihrer kleinen Lampe und ihrem Buch da gesessen. Sollte das nun also bedeuten, dass mein Spielkamerad nun bald das Licht der Welt erblicken würde? Ich war sehr aufgeregt. Sonja schien ganz ruhig zu sein. Ganz leise machte sie es sich in aller Ruhe auf dem Strohballen im Stallgang gemütlich. Sie sah müde aus. Und kaum hatte sie sich in ihre Wolldecken eingemummelt, schlief sie über ihrem Buch ein. „Hey! Hallo!? Sonjaaaa! Du musst doch aufpassen, dass alles okay ist!" Sie hörte mich nicht. Das hatte ich auch schon gelernt: Die Menschen können uns Pferde einfach nicht hören, wenn wir etwas sagen. Wie sollten sie auch, mit diesen komischen kleinen Öhrchen, die sich auch gar nicht so drehen lassen, wie unsere Pferdeohren? Na ja, wenn es sein musste, würde ich sie schon irgendwie wach kriegen, dachte ich mir. Und schließlich konnte ich ja auch schon ganz schön schrill und laut wiehern. *Das* konnten die Menschen dann sehr wohl hören! Ich behielt sie ein bisschen im Auge und stellte fest, dass sie gar nicht so richtig schlief. Es war mehr ein leichtes Dösen. Zwischendurch wurde sie immer wieder wach und schaute in Laskas Box hinein. Laska kaute noch immer an ihrem duftenden Abend-Heu. Es gibt kein friedlicheres Geräusch auf dieser Welt, als das zufriedene Heu zermalmen eines Pferdes. Auch ich wurde jetzt ganz schläfrig, aber ich bemühte mich, trotzdem nichts zu verpassen. Immer, wenn ich zwischendurch wach wurde, sah ich zuerst schnell hinüber zu Laskas Box. Doch alles blieb still. Irgendwann hatte Sonja auch die kleine Schummerlampe ausgemacht. Aber sie kauerte, immer noch in ihre Wolldecken gemummelt, auf dem Stroh. Ich fragte mich, ob Menschen überhaupt mal so richtig tief und fest schlafen? Ich hatte es jedenfalls noch nicht gesehen.

Zwei ganze weitere Nächte mussten wir noch warten, bevor mein Spielkamerad endlich auf die Welt kam. Seine Geburt lief fast genau so wie meine, es schien also wohl doch alles normal zu sein. Es ärgerte mich, dass ich nicht alles genau sehen konnte, weil diese ollen Trennwände mir die Sicht versperrten. Der Neue brauchte allerdings länger, bis er auf den Beinen war. Ich hörte ihn ziemlich oft ins Stroh plumpsen. Dafür hat er dann aber die Milchbar ganz ohne Sonjas Finger gefunden. Wir werden uns prima ergänzen, dachte ich mir. Er schien ziemlich klein zu sein, denn ich konnte immer nur die Spitzen seiner Ohren über die Trennwand sehen. Aber immerhin wusste ich schon, dass es ein „Er“ war, weil ich Sonjas Telefongespräch mit den Besitzern belauscht hatte. Als die Besitzer dann kamen, hörte ich die gleichen Sprüche wie bei mir: „Mein Gott ist der süüüüß!“, worauf der Mann wieder brummte: „Aber genau so krumm wie der Andere!“ Langsam begann ich zu verstehen, warum Sonja immer die Augen verdrehte, wenn er etwas sagte. Und dieses Mal erklärte sie ihm auch nicht, dass es normal sei. Sie schüttelte einfach nur müde den Kopf. „Wir nennen ihn Fidel Castro“, rief unsere Besitzerin verzückt. *Fidel - was*??? Was ist denn *das* für ein Name? Und warum überhaupt *zwei* Namen für *einen* Zwerg? Jetzt schüttelte ich den Kopf. Aber nicht müde, sondern verständnislos. Völlig verständnislos! So ein Quatsch! Für mich stand fest: Bei mir heißt der Zwerg Fidel - basta! Sollten diese komischen zweibeinigen Wesen ihn doch rufen, wie sie wollen, uns Pferden reicht ein Name. Später sollte ich noch feststellen, dass die Menschen sich noch viel verrücktere Namen für uns ausdenken, aber das ist eine andere Geschichte, die ich euch später erzählen werde. Ich war jedenfalls froh, dass Fidel da war, und konnte es gar nicht erwarten, ihn richtig zu sehen. Ich hoffte, es würde bald hell werden, damit wir endlich auf die Wiese konnten. Aber als es dann endlich hell wurde, kam zuerst wieder der Tierarzt. Ich wollte Fidel gerade noch vor dem Pieks warnen, aber es war schon zu spät. Er hatte dem Zwerg schon seine Impfung verpasst! Dieser Kerl war ganz schön raffiniert und schnell, das musste man ihm lassen! Ich hatte gehofft, gleich nach der Morgenfütterung mit Fidel auf die Wiese zu dürfen, aber daraus wurde nichts. Erst einmal sollte der Zwerg eine Ruhepause haben. „Ihr dürft heute Mittag ein paar Stunden raus“, versprach Sonja.

Na toll! Jetzt hatte ich endlich meinen Spielkameraden, und dann mussten wir im Stall bleiben. Das sollte nun wieder einer verstehen! Die Zeit des Wartens schien mir endlos. Und als Sonja uns dann am Mittag endlich auf die Wiese brachte, folgte die nächste Enttäuschung: Laska und Fidel kamen auf die Nachbarwiese. Was sollte das denn jetzt schon wieder? So hatte ich mir das nicht vorgestellt! Wie soll man denn ordentlich spielen und toben, wenn so ein blöder Zaun dazwischen ist? Es nützte mir nichts mich aufzuregen, für heute mussten wir getrennt bleiben. Morgen sollten wir dann endlich alle zusammen auf die Wiese dürfen. Auch egal, wenigstens konnte ich mir den Zwerg jetzt mal richtig ansehen! Er war viel kleiner als ich. Seine Beine waren ein ganzes Stück kürzer als meine, aber genau so krumm. Auch sein Körper war kleiner. „Willkommen, Zwerg!“, rief ich ihm zu. Er starrte mich an und stand da wie versteinert. Nur seine kleinen Beine wackelten ein wenig. „Mach dir keine Sorgen Kleiner, ich zeige dir jetzt mal, was man mit den Dingern alles machen kann!“, rief ich. Dann zeigte ich alles, was ich in den letzten Tagen gelernt hatte: Ich rannte los, galoppierte so schnell ich konnte, bremste rasant ab, schlug einen Haken, gab wieder Gas. Fidel stand immer noch wie angewurzelt da und staunte nur. Ich trabte einige Meter schwebend über die Wiese, machte ein paar wilde Bocksprünge und stoppte knapp vor dem Zaun ab, wobei Sand und Grasfetzen im hohen Bogen flogen. Fidel war sichtlich beeindruckt. Er wollte es wohl nachmachen, landete aber gleich nach dem ersten Galoppsprung mit einem Bauchplatscher im Gras. Oh je, dachte ich, mit dem Zwerg werde ich wohl noch ordentlich Arbeit haben. Er rappelte sich wieder auf und versuchte es noch einmal, aber er kam auch dieses Mal nicht weit. Na, das kann ja heiter werden, dachte ich, und machte es ihm noch einmal vor. In einem Affentempo raste ich um Mama Cora herum, stoppte wieder, zeigte im noch einmal alle verschiedenen Bocksprünge, die ich konnte, und auch meinen eleganten „Schwebetrab“ – das volle Programm. Und Fidel? Er glotzte mich an, drehte sich um, und schlenderte mit Laska ganz gemütlich im Schritt über die Wiese. Meine Gedanken überschlugen sich: *Was soll ich denn mit dem*? Kann man den nicht umtauschen? Mit so einer Schlafmütze kann ich doch nichts anfangen! Nein, so hatte ich mir meinen Spielkameraden gewiss nicht vorgestellt. Ich war sauer!

Im Laufe des Nachmittags machte der Zwerg dann doch immer mal wieder zaghafte Versuche, seinen Beinen das Laufen beizubringen. Er stellte sich zwar etwas ungeschickt an, aber immerhin gab er sich Mühe. Vielleicht würde ja doch noch was aus ihm werden? Ich bekam wieder Hoffnung. Und ich muss zugeben – als Sonja uns abends wieder in den Stall brachte, hatte er die Sache schon ganz gut im Griff. Natürlich war er noch meilenweit von meiner Perfektion entfernt, aber für den ersten Tag war es ganz okay. Ich erinnerte mich an Sonjas Worte: „Man muss den Kleinen Zeit geben!“, und nahm mir vor, in Zukunft etwas geduldiger mit dem Zwerg zu sein. Schließlich war ich ja jetzt auch schon zehn Tage alt, und Fidel war ja erst letzte Nacht geboren. Ich beschloss also, ihm mehr Zeit zu geben. Und spätestens, wenn wir erst mal zusammen auf die Wiese dürften, würde ich ihm schon alles beibringen, was ein ordentliches Fohlen können muss. Davon war ich fest überzeugt.

Mein glorreicher Sieg

Die Tage vergingen, und Fidel entwickelte sich nach und nach zu einem brauchbaren Spielkameraden. Er stellte sich manchmal etwas ungeschickt an, aber inzwischen hatte er gelernt, seine Beine zu sortieren. Die drei Grundgangarten Schritt, Trab und Galopp beherrschte er schon ganz gut, nur bei den Bocksprüngen fiel er noch ab und zu auf die Nase. Wir hatten viel Spaß miteinander und unsere Mütter waren jetzt auch wieder beste Freundinnen. Jeden Tag durften wir alle vier zusammen auf unsere Wiese und genossen jede Minute. Da ich zehn Tage älter war als Fidel, konnte ich den Zwerg ganz schön beeindrucken. Wenn er etwas Neues sah, und vor Angst nur so bibberte, ging ich ganz mutig an die vermeintliche Gefahr heran. Auf diese Weise wurde ich schnell ein Held für Fidel. Ich war sein großes Vorbild, sein Idol. Es gab aber durchaus auch Dinge, die mir Angst machten. Von einem solchen will ich euch jetzt erzählen: Es war Anfang April, und das Wetter spielte völlig verrückt! Erst schien die Sonne, dann fielen plötzlich kleine Eisklumpen vom Himmel. Mal war es warm, mal war es kalt, das Wetter zeigte uns, was es alles konnte – das ganze Programm. An diesem Tag, der ein ganz besonderer Tag in meinem Leben werden sollte, war es sehr stürmisch. Der Wind fegte in heftigen Böen über unsere Wiese und machte bedrohliche Geräusche, wenn er sich an den Bäumen oder an den Wänden unseres Stallgebäudes fing. Es irritiert uns Pferde, wenn der Wind so komische Geräusche macht. Es macht uns nervös. Selbst Mama Cora und Laska waren unruhig und angespannt. Ja, selbst diese beiden tapferen und lebenserfahrenen Pferdedamen erschraken zwischendurch immer wieder und machten einen Satz nach vorne. Zwerg Fidel war natürlich extrem ängstlich und verkroch sich fast unter seiner Mutter. Unser Stall war ja immer offen, sodass wir rein und raus konnten, wie wir wollten, aber unsere Mütter wollten lieber draußen sein. Wir Fohlen wagten uns noch nicht so weit von unseren Mamas weg, also trotzten wir dem Wind. Ab und zu flogen Blätter und kleine Äste durch die Luft. Es war gruselig.

Doch plötzlich – was war *das*??? Da kam ein riesiges, schwarzes, gefährlich knisterndes M O N S T E R auf uns zu geflattert! Ja – ihr könnt mir glauben – es flatterte genau auf unsere Wiese zu! Blitzschnell schossen wir alle in die äußerste Ecke der Wiese, drehten uns um, und starrten das Monster mit großen Augen an. Würde es näher kommen? In welche Richtung mussten wir dann fliehen? Mama und Laska bliesen mit einem lauten schnorchelnden Geräusch Luft aus ihren Nüstern. Klatsch! Das Monster prallte gegen den Weidezaun, wo es einen Moment lang hängen blieb. Jetzt knisterte es noch lauter und wütender! Die Herzen unserer sonst so mutigen Mutterstuten pochten so wild, dass man es von außen sehen konnte. Ihre Flanken bebten vor Aufregung. Mit weit aufgerissenen Augen und Nüstern behielten sie das Monster ängstlich im Auge. „Es wird uns fressen!“, jammerte Fidel kläglich, „es wird uns fressen!“ Nach wenigen Sekunden schien das Monster wieder Kraft gesammelt zu haben. Bei der nächsten Windböe wuchtete es sich mit einem gewaltigen Satz über den Zaun. Auch ich hatte Angst, aber ich jammerte nicht. Das Monster kam wieder auf uns zu. So schnell wir konnten, rannten wir in die andere Ecke der Wiese. Es folgte uns wieder. Erneut flohen wir, doch dieses Monster ließ uns einfach keine Ruhe! Es flatterte immer wieder auf, blieb zwischendurch kurz auf der Wiese liegen, um uns im nächsten Moment wieder von einer Ecke in die andere zu jagen. Allmählich verwandelte sich meine Angst in pure Wut! Was bildete sich dieses blöde Ding eigentlich ein? Kam einfach so in *unsere* Wiese geflattert, brachte unsere kleine friedliche Herde in Aufruhr, und machte sogar unseren Mamas Angst! Das war ja wohl eine bodenlose Frechheit! Ich war empört über so viel Dreistigkeit! Wie lange wollte uns dieses Monster denn noch über die Wiese jagen? Wir Fohlen brauchten doch regelmäßig unsere Mahlzeiten und Ruhepausen! Ich wurde wütend. *Richtig* wütend! Mit der nächsten heftigen Windböe flatterte es wieder auf uns zu. Alle rannten wieder los, nur ich blieb stehen. Und als das Monster dann kurz vor meinen Beinen war, sprang ich - mitten drauf! Mit allen vier Hufen gleichzeitig sprang ich mitten auf dieses riesige, gefährliche Knistermonster! Es hatte keine Chance zu entkommen. So wütend es jetzt auch knistere und tobte, ich blieb einfach darauf stehen! Tja, jetzt sah es ganz schön platt aus! Es versuchte auch nicht mich zu fressen, es knisterte nur noch. Ich scharrte wütend mit einem Vorderhuf, wobei der Dreck prasselnd auf das Monster fiel. Es konnte ja nicht weg, denn schließlich achtete ich darauf, dass ich mit drei Beinen immer darauf stehen blieb! Und stellt euch vor - je mehr Dreck ich auf dieses Monster scharrte, desto ruhiger wurde es. Cora, Laska und Fidel beobachteten das Schauspiel aus sicherer Entfernung. Sie waren fassungslos! Nach einigen Minuten hatte ich das Monster fast völlig eingegraben. Es gab jetzt keinen Mucks und kein Knistern mehr von sich. ICH HATTE ES BESIEGT! ICH HATTE MEINE HERDE GERETTET! Ich fühlte mich wie der König der Welt!

Was sollte *mir* noch passieren können? Gab es überhaupt noch etwas, das ich je fürchten müsste? Pah, von wegen! „An alle Monster dieser Welt: Nehmt euch in acht, ich bin der große Geronimo – Herr und Meister über das Knistermonster! Es gehorcht mir! Liegt jetzt ganz still und friedlich da, und macht keinen Mucks mehr!" Wenn ich ein so gefährliches Knistermonster besiegen kann, brauche ich wohl nichts mehr zu fürchten! Hoch erhobenen Hauptes stolzierte ich zu meiner Herde zurück. Wie vom Donner gerührt standen sie da und staunten. Jetzt war es aber höchste Zeit für eine Mahlzeit. Monsterjagd macht sehr, sehr hungrig!

Später erfuhr ich, dass es viele Knistermonster gibt. Man nennt sie „Abdeckplanen" und benutzt sie, um Stroh und Heu abzudecken. Normalerweise sind sie aber zahm und liegen friedlich auf dem Stroh, wo sie auch nur ein bisschen knistern. *Mir* haben sie jedenfalls nie wieder Angst eingejagt! Für den Rest des Tages behielten wir das Monster noch ein wenig im Auge, aber es hatte aufgegeben. Als Sonja dann am Abend kam, grub sie es lachend aus. Auch sie schien gar keine Angst davor zu haben. Sie knuddelte es einfach zusammen und klemmte es unter ihren Arm, wobei es aber doch noch einmal missmutig knisterte. Aus der Ferne konnte ich dann sehen, wie sie es in eine große, gelbe Tonne sperrte. Es hat uns jedenfalls nie wieder belästigt. An diesem Abend sah mich meine Mama noch sehr lange stolz und nachdenklich an. Und auch für Fidel und Laska war ich jetzt der erklärte Held. Gerade mal 20 Tage alt, war *ich* der Held und Retter unserer Herde! Mein Selbstbewusstsein wuchs ins Unermessliche!

Sonjas verrückte Ideen

Immer, wenn Pferde mit ihren Reitern an unserer Wiese vorbei kamen, rannte ich schnell zum Zaun, um ihnen meine Monstergeschichte zu erzählen. Aber einige von ihnen schienen mir gar nicht zu glauben. Sie blieben noch nicht einmal stehen, sondern gingen einfach stur weiter. Na ja, wer konnte es ihnen verdenken? Schließlich war es *so* unglaublich mutig, dass es wahrscheinlich ihre Vorstellungskraft sprengte. Ich nahm es ihnen nicht übel. Ab und zu kam sogar Sonja auf dem Rücken eines Pferdes sitzend vorbei. Ich fragte mich, ob zwei Beine vielleicht doch nicht genügten. Warum sonst, sollten sich die Menschen so viele Sachen einfallen lassen, um nicht auf ihren Beinen laufen zu müssen? Diese Drahtgestelle, die Blechkisten, sich von Pferden tragen zu lassen – ich meine, auf all diese verrückten Ideen muss man doch erst einmal kommen! Einmal kam Sonja sogar auf einem großen, grünen Monster angeritten. Sie nannte es „Traktor", aber es war ein nettes grünes Monster. Es trug frisches Heu und Stroh für uns heran, machte dabei aber fürchterlichen Krach. Mama und Laska hatten keine Angst davor, hielten aber dennoch respektvoll Abstand. Zwerg Fidel hatte mal wieder das Herz in der nicht vorhandenen Hose. Und ich? Warum hätte ich Angst haben sollen? Ohne die Spur eines Zögerns ging ich auf das Ding zu. Ich stupste es mit der Nase an, und Soja drehte einen Schlüssel, worauf das Ding gleich verstummte. Ich leckte an dem Blech, aber es schmeckte nach nichts. „Na, du hast wohl keine Angst vor gar nix, was?", lachte Sonja. Natürlich nicht! Sie konnte es ja nicht wissen, sie hatte ja meinen Kampf mit dem Monster verpasst! Fidel kam zögerlich näher, blieb aber dann misstrauisch hinter mir stehen. Der Kleine traute sich nicht heran. Er bewunderte mich einmal mehr für meinen Mut. Der Ritt auf dem Traktor sollte aber nicht die einzige verrückte Idee von Sonja bleiben. Sie hatte noch mehr seltsame Ideen. Bisher hatte sie uns ja immer nur gestreichelt und uns überall angefasst. Das kitzelte zwar an manchen Stellen, war aber eigentlich ganz angenehm. Jetzt aber kam sie jeden Tag mit diesen seltsamen Riemenkonstruktionen in Miniausführung, die sich „Fohlenhalfter" nannten. Sie streifte uns die Dinger über den Kopf und nahm sie nach ein paar Minuten wieder ab. Wir sollten uns daran gewöhnen. Ich wusste zwar nicht, wozu das gut sein sollte, aber wenn wir stillhielten und uns das brav gefallen ließen, wurden wir ganz doll gelobt und gestreichelt. Nun denn, wenn es Sonja glücklich macht…

Zugegeben, es brachte ja auch etwas Abwechslung in den Tag. Als Fohlen kann man schließlich gar nicht genug Abwechslung bekommen. Und außerdem waren es ja auch immer nur ein paar Minuten. Dann hatte Sonja aber auch noch die Idee, dass wir unsere Füße einzeln anheben sollten. Wozu sollte das nun wieder gut sein? Wir waren doch eigentlich froh, dass wir vier hatten! Wir kamen ja jetzt auch prima damit klar, wozu also einzeln hochheben? Ich hatte zwar schon gesehen, dass sie unseren Mamas jeden Tag die Füße hochhob, um ihnen dann mit einem „Hufkratzer" den Dreck raus den Hufen zu kratzen, aber ich sah keinerlei Notwendigkeit, das auch zu lernen. Ich stellte mich stur und stemmte alle viere fest auf den Boden. Aber leider hatte ich nicht mit Sonjas Sturheit gerechnet! Sie gab keine Ruhe, bis ich nicht wenigstens für eine halbe Sekunde meinen Fuß anheben ließ. Wenn ich es dann tat, wurde ich wieder gelobt und gestreichelt. Gegen ihre liebvolle Sturheit kam ich einfach nicht an, also machte ich brav mit. Ich sah ein, dass sie geduldig auf mich einredete und es einfach so lange versuchte, bis ich ihr endlich meinen Huf gab. Gegen diese Sturheit musste sich selbst ein so tapferer Monsterzähmer wie ich geschlagen geben! Und je weniger Probleme ich machte, desto schneller waren wir auch mit der lästigen Übung fertig. Hey, ich bin nicht dumm - nach wenigen Tagen klappte es wie am Schnürchen. Zwerg Fidel hatte gar nicht erst versucht zu kämpfen, er machte gleich vom ersten Tag an, was Sonja wollte. So ein Weichei!

Nun, beim Hufegeben und Halfter anziehen hatte ich mich kooperativ gezeigt, aber das schien Sonja übermütig zu machen. Jetzt wollte sie uns auch noch am Halfter über die Wiese führen! Nein, das ging nun zu weit. Mir reichte es! Ich konnte sehr gut ohne dieses Zeug über die Wiese laufen, ich brauchte diesen ganzen Firlefanz nicht! Missmutig und wild schüttelte ich meinen kleinen Kopf hin und her, wobei es ein bisschen auf meiner Nase ruckte, wenn sich der Strick am Halfter spannte. Sonja hielt ihn fest. So nicht! Nicht mit dem großen Geronimo, dem Herrn der Monster! Ich blieb kurz stehen, sammelte meine Kraft – und machte einen gewaltigen Satz nach vorne! Sonja flog regelrecht ein kleines Stück durch die Luft, hielt den Strick aber immer noch fest in den Händen, die sie für solche Übungen übrigens immer in Handschuhe steckte. „Hooo!“, brummte sie mit beruhigender Stimme. Ich versuchte es noch einmal, aber je mehr ich an dem Strick zog, desto unangenehmer drückte das Halfter auf meine Nase. Wenn ich nicht zog, störte es mich dagegen gar nicht. Na ja, es war ja nicht anders zu erwarten - Sonja gab auch dieses Mal nicht auf. Sie ließ den Strick ganz locker, wenn ich ihr brav folgte, hielt ihn aber eisern fest, wenn ich daran ruckte und zog. Hätte ich es wirklich darauf ankommen lassen, wäre ich wohl schon stärker gewesen als sie. Aber da sie mich immer wieder sehr ausgiebig lobte, wenn ich es richtig machte, wollte ich lieber „braaaav" sein. Ich wollte es mir nicht mit Sonja verscherzen. Und siehe da – nachdem ich ihr ein paar Meter brav gefolgt war, lobte sie mich, und nahm mir das lästige Halfter wieder ab. So lernte ich auch bei dieser Übung: Je schneller ich tat, was Sonja wollte, desto eher durfte ich wieder spielen gehen. Und je besser es klappte, desto seltener mussten wir die Übung machen. Allmählich verstand ich, wie das System funktionierte. Zwerg Fidel versuchte übrigens nur einmal ganz zaghaft an dem Strick zu ziehen, und latschte dann ganz selbstverständlich neben Sonja her. Er war eben kein Kämpfer, sondern ein Weichei! Ich nahm es ihm nicht übel, denn schließlich war er mein bester Freund. Ich genoss es, wenn er mich für meinen Mut anhimmelte.

Es blieb auch dabei. Egal worum es ging – ob Sonja uns diese eklige Anti-Wurmpaste ins Maul spritzte, oder der Hufschmied unsere Hufe kontrollieren wollte – ich versuchte immer zunächst einmal meinen Willen durchzusetzen, Zwerg Fidel dagegen machte alles immer brav mit! So vergingen sechs unbeschwerte und glückliche Monate. Inzwischen ernährten wir uns schon längst selbst mit Gras, Heu und dem besonders leckeren Pferde-Müsli. Die Milch unserer Mütter tranken wir nur noch gelegentlich, als Leckerei zwischendurch. Eigentlich brauchten wir die Milch jetzt nicht mehr, und unsere Mamas waren jetzt auch nicht mehr so besorgt um uns wie früher. Abends erzählten sie uns immer spannende Geschichten aus ihrer Reitpferdezeit, und immer häufiger forderten sie, dass wir nun langsam *selbstständig* werden müssten. Nun, wir waren ja auch schon viel selbstständiger geworden. Wir versteckten uns kaum noch hinter unseren Mamas, wenn uns etwas Neues begegnete. Fidel versteckte sich jetzt immer hinter mir. Und wir liefen auf der Wiese schon ganz schön weit von unseren Müttern weg. Die regten sich auch nicht mehr darüber auf. Im Gegenteil - ich glaube fast sie waren froh, mal ein wenig Ruhe vor uns zu haben. Sie waren wirklich ganz liebevolle Mütter, aber in letzter Zeit war es ihnen manchmal unangenehm, wenn wir bei ihnen trinken wollten. Vielleicht lag es auch daran, dass unsere Zähne inzwischen gewachsen waren. Ich wusste es nicht ganz genau, aber wir gingen mehr und mehr unsere eigenen Wege.

Der Umzug und die Neuen

Neben unseren Boxen gab es noch eine riesengroße Box im Stall, deren breiter Ausgang auf eine andere, noch größere Wiese führte. Bisher war dieser Riesenstall, (es war fast schon mehr eine kleine Halle als eine Box), leer. Ich hatte mich schon lange gewundert, wofür dieses Ding eigentlich gut sein sollte. Eines Tages machte sich Sonja darin zu schaffen. Sie kam auf dem Traktor angeritten und brachte damit Unmengen frisches Heu und Stroh heran. Einen Teil davon schüttelte sie in dem Riesenstall auf, den Rest lagerte sie in der kleinen Scheune neben dem Stall ein. Sie schrubbte die Futtertröge und Tränken, kontrollierte alle Zäune der Riesenwiese, und werkelte daran herum. Wir beobachteten alles ganz genau. Überhaupt beobachteten wir immer ganz genau, was Sonja so machte, schließlich wollten wir die ganzen Rätsel, die uns die Zweibeiner aufgaben, irgendwann lösen. Es passierte aber nichts weiter. Nachdem Sonja alles hergerichtet hatte, brachte sie uns in den Stall und ritt auf ihrem rumpelnden Traktor davon. Für diesen Tag blieb es mir ein Rätsel, was diese Aktion nun wieder zu bedeuten hatte. Erst am nächsten Tag sollte sich das Rätsel lösen. Vier fremde Hengstfohlen, alle ungefähr in unserem Alter, kamen auf die Wiese. Fidel und ich wurden dann auch auf die Riesenwiese gebracht, nur unsere Mamas blieben auf unserer alten Wiese. Das war eine Aufregung! Wir preschten in gestrecktem Galopp die ganze Wiese auf und ab, sodass uns die Grasfetzen nur so um die Ohren flogen! Die Neuen blieben in ihrem Viererclub zusammen, Fidel und ich hielten ein bisschen Abstand von ihnen und blieben ebenfalls eng zusammen. Cora und Laska rannten wiehernd auf der anderen Seite des Zaunes auf und ab. Aha, sie vermissten uns also doch! Alles war in Aufruhr, alle rannten, was das Zeug hielt. Nur Sonja blieb ganz still stehen und sah sich das Schauspiel an. Neben ihr standen auch unsere Besitzer. Ich hatte sie länger nicht gesehen, sie kamen nur ab und zu mal, um nach uns zu sehen. Aber wir vermissten sie auch nicht sonderlich, schließlich kümmerte Sonja sich ja jeden Tag um uns. Nach einiger Zeit waren wir alle ziemlich geschafft. Wir beruhigten uns langsam, blieben stehen und beäugten uns misstrauisch aus sicherem Abstand. Wo waren diese vier Kerle eigentlich so plötzlich hergekommen? Wo waren ihre Mütter? Und: Was wollten die hier?

Zwerg Fidel, der zwar inzwischen gewachsen, aber immer noch viel kleiner und mickriger war als ich, versteckte sich schüchtern hinter mir. Ich stand stolz und hoch erhobenen Hauptes da wie eine Statue und sah mir die Burschen erst einmal in Ruhe an. Keiner von ihnen war so groß und kräftig wie ich, obwohl manche sogar ein bisschen älter waren als ich. Aber alle waren etwas größer und kräftiger als Fidel. Zwei von ihnen hatten braunes Fell mit schwarzer Mähne und schwarzem Schweif, zwei waren rotbraun, so genannte „Füchse“, wie Fidel und Laska. Alle vier starrten uns mit großen Augen an, aber keiner rührte sich. „Ich bin der Chef von unserer Herde!“, durchbrach der eine Braune plötzlich in angeberischem Ton die angespannte Stille. *Wie bitte?* Ich glaubte, meinen Ohren nicht zu trauen! Der Mickerling kam in *unser* Zuhause und faselte was von *Chef*? Das konnte ja wohl nicht wahr sein! Der wusste wohl nicht, wen er hier vor sich hatte! Ich wölbte meinen kräftigen Hals auf, was mich noch größer und imposanter wirken ließ, und schwebte in riesigen Trabtritten entschlossen auf ihn zu. Zwei

Meter vor ihm blieb ich stehen, ließ meinen Hals aber eindrucksvoll aufgewölbt und stieß einen empörten Schnaubton aus.

„Sei vorsichtig Ronny, die sind immerhin zu viert!", zeterte Fidel besorgt und ängstlich. Er war natürlich auf Abstand geblieben. Der Braune machte zwei Schritte auf mich zu und begann meine Nase zu beschnuppern. Mut hatte er ja, das musste ich zugeben. Aber den Chefposten konnte er jetzt abgeben. *Hier* konnte es nur *einen* Chef geben, und für mich stand außer Frage, dass ich es war! „Ich sag dir jetzt mal was Kumpel", sagte ich lässig, „wenn du willst, können wir Freunde werden, aber den Traum vom Herdenchef kannst du getrost vergessen! *Hier* wird nach *meiner* Pfeife getanzt!" Ein Raunen ging durch seine kleine Herde. „Pah! Das werden wir ja noch sehen, schließlich habe ich mir den Posten sehr hart erkämpft!", gab er frech zurück. Hat man da noch Töne? Ich musste wohl deutlicher werden! Also legte ich meine Ohren so flach an den Kopf, dass man sie kaum noch sehen konnte, und zog meine Nüstern lang. Diese Signale sind ganz deutliche Zeichen dafür, dass die Drohung ernst gemeint ist. Und um dieser Geste noch mehr Nachdruck zu verleihen, rollte ich dabei noch wild mit den Augen und drehte ihm blitzschnell und drohend mein Hinterteil entgegen. Der Neue wich zurück. Na also, ich hatte gewonnen! Picasso, so hieß der kleine Angeber, zog sich mit seiner Truppe zurück.

Pah! Was hatte der sich denn gedacht? Ich hatte bereits im Alter von zwanzig Tagen das gefährliche Knistermonster besiegt! Dachte dieser aufgeblasene Pimpf jetzt etwa, ich würde mich ausgerechnet von *ihm* einschüchtern lassen? Dachte der etwa, mit seiner großen Klappe könnte er sich den begehrten Chefposten unter den Huf reißen? Von wegen!

Wie ein König stolzierte ich zurück zu meinem kleinen Freund Fidel, der jetzt sehr erleichtert aufatmete. „Ich hatte solche Angst um dich!“, jammerte er. „Immerhin hat dieser Angeber noch drei Kumpels mitgebracht! Und wenn es zu einem ernsthaften Streit gekommen wäre, hätte ich dir nicht viel helfen können. Die sind doch alle viel, viel stärker als ich!“ „Ach Zwerg“, beruhigte ich ihn sanft und ganz souverän, „die habe ich mächtig beeindruckt! Keine Sorge, die werden jetzt friedlich sein. Aber wir sollten sie dennoch erst einmal gut im Auge behalten - sicher ist sicher!“

Die Lage entspannte sich schließlich und nach einer Weile grasten alle ganz friedlich. Ich ließ die Neuen nicht aber aus den Augen. Mit einem Auge schielte ich immer zu ihnen herüber, um mich zu vergewissern, ob sie auch gebührenden Abstand hielten. Wie ich schon sagte – die Wiese war so riesig, dass wir uns nicht in die Quere kommen mussten. Leider war sie aber nicht so groß, dass wir ihr nervtötendes Gewieher nicht gehört hätten. Ständig wieherten diese kleinen Quälgeister, weil sie heute alle von ihren Müttern getrennt worden waren. Sie riefen nach ihren Müttern, aber die waren so weit weg, dass sie ihr schrilles Gewieher nicht hören konnten. Die Neuen gehörten einem Freund meiner Besitzer, wie ich erfuhr. Sie sollten hier mit uns aufwachsen, damit wir mehr Spielkameraden hatten. Na, vielen Dank! Auf Spielkameraden, die sich hier als Chef aufspielen wollten und uns mit ihrem Gewieher nervten, konnte ich gut verzichten! Das dachte ich jedenfalls an diesem Tag.

Fidel und ich hatten etwas mehr Glück, als die Neuankömmlinge. Wir konnten unsere Mütter ja noch auf der Nachbarwiese sehen und waren in unserer gewohnten Umgebung. Und ganz ehrlich gesagt – bei all der Aufregung um die Neuen, hatten wir fast vergessen, dass auch wir heute von unseren Müttern getrennt worden waren. Am Abend spitzte sich die Lage aber dann noch einmal zu. Fidel und ich waren schon mal in den Riesenstall hinein spaziert, um uns darin umzusehen. Als Sonja dann mit dem Abendfutter kam, standen Fidel und ich schon auf den besten Plätzen. Aber jetzt stellt euch mal vor – die Neuen wollten auch in den Stall! Das kam ja gar nicht in die Tüte! Wenn ich diesen Angeber jetzt hier rein lassen würde, tanzte er mir doch morgen schon wieder auf der Nase herum! Auf keinen Fall! Ich machte also wieder mein böses Gesicht, nahm Anlauf, und jagte ihn einige Meter vom Stall weg. Er und seine Kumpels rannten, als wäre der Teufel persönlich hinter ihnen her. Ha! Das war ein Spaß! Allerdings schien Picasso ein bisschen schwer von Begriff zu sein. Kaum hatte er den ersten Schrecken überwunden, versuchte er es glatt noch einmal! Ihr werdet es nicht glauben, aber insgesamt musste ich ihn *fünf Mal* über die Wiese jagen, bis er endlich begriffen hatte, dass er hier vorerst Stallverbot hatte!

Sonja schimpfte mit mir. „Du bist so gemein, Ronny!“, sagte sie vorwurfsvoll, und warf mir einen grimmigen Blick zu. Pardon – bei allem Respekt liebe Sonja, davon verstehst du nichts! Es geht hier nicht um Kinderkram wie „Hufe geben“ oder „Halfter führen“, *das hier* war etwas *ganz* anderes! Das war eine Sache unter Männern! Wo sollte das enden, wenn ich jetzt nachgeben würde, und gleich in der ersten Nacht Futter und Schlafplatz mit ihnen teilte? Diese vier Taugenichtse würden mich dann doch nie mehr mit dem gebührenden Respekt behandeln! Nein, nichts zu machen! Diese erste Nacht sollten sie mal schön draußen verbringen. Die frische, klare Luft draußen würde ihnen schon den Pferdeverstand frei pusten! Dann hatten sie eine ganze Nacht Zeit um sich darüber klar zu werden, wer hier der Chef ist! Auf diese Weise würden sie sich nicht wagen, dies noch einmal infrage zu stellen! Morgen würden wir dann weiter sehen.

Sonja schien verstanden zu haben. Sie fütterte die vier Schreihälse draußen. „Ich glaube, ihr müsst heute hier draußen übernachten, Jungs“, sagte sie mitleidig.

„Aber zum Glück ist ja das Wetter noch schön, und Wasser habt ihr hier draußen auch.“

„Meinst du, wir sollten sie nicht lieber trennen? Vielleicht sollten wir sie über Nacht in Einzelboxen stellen?“, fragte meine Besitzerin. „Nein, das müssen die jetzt unter sich ausmachen. Das gehört eben dazu“, gab Sonja zurück, „da dürfen wir jetzt nicht eingreifen.“ Kluges Mädchen! Lass mich das mal auf meine Weise regeln! Ich werde ihnen schon nicht den Kopf abreißen, ich will ja nur mal die Rangordnung klären! Heute mache ich mal einen auf hart und herzlos, und wenn die sich morgen gut benehmen, dürfen sie ja auch rein. Schließlich ist hier Platz genug für alle, aber das wollte ich ihnen heute noch nicht sagen. Fidel durfte natürlich mit mir im Stall bleiben. Bei dem brauchte ich mir auch keine Sorgen zu machen, dass er mir den Chefposten streitig machen könnte. Der machte ja gleich immer sein unterwürfiges Fohlenmäulchen, wenn ich ihn nur einmal schief ansah. Niemals hätte der sich einen solchen Aufstand gewagt, wie dieser unverschämte Picasso! Für Fidel war ich der Held, daran gab es gar nichts zu rütteln. Und jetzt erst recht nicht mehr!

Picasso und seine Jungs hatten die Nacht draußen unbeschadet überstanden. Er hatte es begriffen. Hier war ich der Chef, sonst niemand. Und seine Jungs machten sofort demütige Fohlenmäulchen, wenn ich an ihnen vorbeistolzierte! Na also, warum denn nicht gleich so? Ich war ja kein Raufbold und eigentlich gar nicht auf Streit aus, aber das musste eben einmal geklärt werden. Heute wieherten sie auch nicht mehr so viel, und ich wollte sie jetzt doch gerne näher kennenlernen. Wir beschnupperten uns ausgiebig und machten uns miteinander bekannt. Eigentlich waren sie alle ganz nett. Und eigentlich waren wir auch froh, neue Freunde gefunden zu haben. Sie kannten tolle Spiele. „Beine kneifen“ war eines unserer Lieblingsspiele. Dabei versucht man sich gegenseitig in die Vorderbeine zu zwicken, aber gleichzeitig auch seine Beine vor dem Zwicken des Spielpartners in Sicherheit zu bringen, indem man sie blitzschnell wegzieht. Das geht so weit, dass man die Vorderbeine nach hinten wegklappt, und auf den Vorderfußwurzelgelenken im Gras liegt. Für Menschenaugen scheint das sehr wild und gefährlich auszusehen, es tut aber gar nicht weh und macht uns irre viel Spaß! Diese wilderen Spiele konnte man am besten mit Picasso spielen. Fidel blieb zwar mein bester Freund, aber er blieb eben auch ein Weichei! Die wilden Spiele lagen ihm nicht so sehr, er spielte eben mehr wie ein Mädchen. Dafür konnte man mit ihm zum Beispiel sehr schön „Mähne kraulen“. Anfangs wollten ihn die Neuen oft ärgern, aber ich machte ihnen schnell klar, dass Fidel unter meinem persönlichen Schutz stand! Na, ihr könnt es euch schon denken – danach wagte sich niemand mehr, ihn zu ärgern!

So wurden wir eine richtig tolle Bande und genossen unsere unbeschwerte Jugend zusammen. Ich blieb der Boss, der alles regelte. Diese erste Nacht war übrigens die einzige Nacht, in der sie draußen schlafen mussten. Schon vom zweiten Tag an, teilten wir uns den großen Stall mit unseren neuen Freunden. Leichte Turbulenzen gab es in den ersten Tagen noch, wenn es dieses leckere Pferdemüsli gab. Aber nach kurzer Zeit und kleineren Rangeleien hatte jeder gelernt, aus seinem eigenen Futtertrog zu fressen. Fidel fraß immer etwas langsamer als alle anderen. Und wenn er als Letzter noch kaute, half ich ihm immer den Trog leer zu futtern. Er machte mir dazu bereitwillig Platz, und unsere Nasen passten ganz bequem beide in den Futtertrog.

Wir tollten alle gemeinsam durch den ersten Schnee, wedelten uns im Sommer gegenseitig mit den Schweifen die Fliegen von den Köpfen weg, und hatten jede Menge Spaß zusammen. Irgendeiner hatte immer eine tolle Idee für ein neues Spiel. Wir machten Wettrennen und bockten ausgelassen über die riesige Wiese. Eines unserer Lieblingsspiele hieß „Reiter erschrecken“. Das ging so: Wenn Pferde mit Menschen auf dem Rücken den Weg an unserer Wiese entlang spazierten, blieben wir am oberen Ende der Wiese stehen und beobachteten sie. Wir standen ganz ruhig da. Ganz so, als könnten wir kein Wässerchen trüben. Wenn Pferd und Reiter dann genau auf der Höhe unserer Wiese angekommen waren, schossen wir wie auf Kommando alle gleichzeitig los! Im vollen Galopp rasten bis an den Zaun, um dort eine rasante Vollbremsung zu machen. Das war ein Spaß! Die Reitpferde wollten natürlich immer am liebsten mitspielen und bockten los. Ihre Reiter fanden dieses Spiel dagegen gar nicht lustig. Oft begannen sie wild zu schimpfen, manche wurden ganz rot dabei! Einmal fiel sogar ein Reiter vom Pferd. Der war dann allerdings *richtig* sauer auf uns, weil er sein Pferd wieder einfangen musste, das aufgeregt schnaubend den Weg auf und ab lief. Wir hatten uns nichts Böses dabei gedacht, wir wollten doch nur ein bisschen Spaß haben! Und einmal hat Fidel – ja, unser kleiner, schüchterner Fidel – einem Spaziergänger seine Mütze gemopst! Der Mann kam ab und zu und brachte uns Zucker. Eigentlich war es für die Spaziergänger verboten uns zu füttern, weil die meisten ganz ungesundes Zeug, ja manchmal sogar *giftiges* Zeug geben wollten. Sonja wurde dann immer fuchsteufelswild. Sie befestigte überall Schilder mit der Aufschrift „Bitte nicht füttern!“ am Weidezaun, nachdem sie vergammelten Sahnekuchen und schimmeliges Brot auf unserer Wiese gefunden hatte. Zum Glück hatte Sonja es vor uns gefunden, denn wenn wir es gefressen hätten, wären wir schwer krank geworden - vielleicht sogar gestorben! Also, bitte liebe Pferdefreunde - ich weiß ja, dass ihr es gut meint, aber füttert bitte *niemals* ein Pferd, ohne vorher die Pferdepfleger oder die Besitzer zu fragen! Und akzeptiert es bitte, wenn sie „NEIN“ sagen!

Nun – der Zucker, den dieser Mann uns mitbrachte, war zwar nicht giftig, aber auch nicht gerade gesund für uns. Und außerdem sollten wir uns ja gar nicht erst angewöhnen, etwas von Fremden anzunehmen. Leider gibt es nicht viele vernünftige Menschen, und so setzte sich der Mann einfach über das Verbot hinweg. Er reichte uns den Zucker durch den Zaun. Wir konnten ja schließlich nicht lesen, was auf den Schildern stand. Also nahmen wir die kleinen weißen Würfel auch an. Als wir seinen Vorrat den weggefuttert hatten, kramte der Zuckermann umständlich in seinen Manteltaschen herum, um nachzusehen, ob er irgendwo noch mehr für uns hatte. Zwerg Fidel dauerte das aber zu lange. Vielleicht dachte er, der Mann hätte noch Zucker unter dem Hut versteckt. Ich weiß nicht genau, was in dem Moment in Fidels Kopf vorging. Jedenfalls steckte er plötzlich blitzschnell den Kopf durch den Zaun, packte den Hut mit seinen Zähnen, und riss ihn dem Zuckermann vom Kopf! Im nächsten Moment aber kam es, wie es kommen musste: Erschrocken über seine eigene Courage, ergriff Fidel mit dem Hut im Maul die Flucht. Das hättet ihr sehen sollen! Ein Bild für die

Pferdegötter! Einige Meter entfernt blieb er schließlich stehen und sah verdutzt zu uns herüber. Den Hut hielt er dabei immer noch zwischen den Zähnen. Dem Zuckermann schien das gar nicht zu gefallen. Er brummelte grimmig vor sich hin, fluchte und tobte. Dann kletterte er plötzlich durch den Zaun in *unsere* Wiese!

Wild fluchend und mit den Armen fuchtelnd rannte er auf Fidel zu. Tja – ihr könnt es euch sicher schon vorstellen, bei dem Anblick bekam es klein Fidel mit der Angst zu tun. Und was sagt uns unser Fluchtinstinkt, wenn wir es mit der Angst zu tun bekommen? Genau – nix wie weg! Fidel flitzte also los wie der Blitz, der Mann hinterher. Natürlich war der Zuckermann nicht annähernd so schnell wie Fidel, aber es begann eine lustige Verfolgungsjagd. Was für ein Spaß! Nachdem wir anderen Herdenmitglieder eine Weile zugesehen hatten, stiegen wir in das Spiel ein und jagten alle im gestreckten Galopp über die Wiese.

Der Zuckermann verhielt sich allerdings sehr ungeschickt bei diesem Spiel. Irgendwie lief er ständig einem von uns im Weg. Einmal hätte ich ihn sogar fast umgerannt. Im allerletzten Moment – aber wirklich im allerletzten Moment konnte ich noch ausweichen. Puh! Das war knapp! So knapp, dass ich bei dem Ausweichmanöver selbst fast hingefallen wäre-

„Was ist denn hier los?“, polterte plötzlich eine Stimme in das wilde Spiel. Es war Sonjas Stimme, und sie klang ziemlich wütend! „Was um alles in der Welt haben sie hier auf der Wiese zu suchen?“ Hui, *so* wütend hatten wir sie noch nie gehört! Vor Schreck blieben wir alle ganz abrupt stehen und sahen zu ihr herüber. Jetzt wurde es spannend! Fidel fiel vor Schreck der Hut aus dem Maul. Sonja schimpfte und tobte. Aber nicht mit Fidel – nein, mit dem Mann! Sie war sauer, weil er uns einfach gefüttert und schließlich mit der wilden Hutjagd auch noch solche Unruhe in unsere Herde gebracht hatte. Immerhin hätten wir bei der wilden Jagd nach dem Hut sowohl den Mann, als auch uns selbst verletzen können. Und in solchen Dingen verstand Sonja wirklich gar keinen Spaß!

Nach Sonjas Standpauke setzte der ältere Herr zerknirscht seinen nun ziemlich verbeulten Hut wieder auf, und wackelte mit eingezogenem Kopf davon. Unserem Fidel streichelte Sonja liebevoll über den Kopf. „Ihr macht Sachen!“, sagte sie kopfschüttelnd. Ich glaube, sie wollte streng klingen, aber ein Lachen konnte aber auch sie sich nicht verkneifen. Glück gehabt, auf uns Pferde war sie kein bisschen sauer. Der Zuckermann machte von diesem Tag an immer einen ganz großen Bogen um unsere Wiese. Zucker gab er uns nie wieder.

So vergingen drei wunderschöne Jahre. Drei Jahre in denen wir - mal abgesehen von den regelmäßigen Hufschmied- und Tierarztbesuchen, machen konnten, was wir wollten. Es war eine herrliche Zeit, und wir dachten damals, dass es immer so weitergehen würde. Die Geschichten, die uns unsere Mütter uns über das Leben als Reitpferde erzählt hatten, waren fast schon wieder vergessen, denn wir waren viel zu sehr mit dem Spielen und Herumtoben beschäftigt, um uns darüber Gedanken zu machen. Wir hatten genug damit zu tun, unsere Jugend zu genießen und lustige Spiele zu spielen.

Der geheimnisvolle andere Stall

In den vergangenen dreieinhalb Jahren hatten wir uns zu prächtigen und stattlichen Pferden entwickelt. Durch das viele Spielen, Rennen und Toben hatten wir ordentlich Muskeln aufgebaut, und selbst Zwerg Fidel hatte sich zu einem „richtigen Pferd“ gemausert. Er war zwar immer noch kleiner als ich, aber er sah wirklich gut aus. Unsere Mütter hatten inzwischen längst wieder neue Fohlen bekommen und waren, genau wie damals mit uns, vollauf mit ihrem neuen Nachwuchs beschäftigt. Wir ahnten damals noch nicht, dass sich unser Leben bald ändern sollte.

Eines Abends kam Sonja mit unseren Besitzern und streifte uns die Halfter über. Warum sollten wir denn jetzt schon wieder diese Übung machen? Das konnten wir doch schon lange! Schließlich haben wir doch zwischendurch immer regelmäßig geübt! Aber Sonja war heute anders als sonst, fast ein bisschen schwermütig. „Sagt tschüss zu euren Freunden, sie fahren morgen wieder nach Hause“, sagte sie traurig. Nach Hause? Aber wir sind doch alle *hier* zu Hause! Was redete Sonja denn da? Was war denn nur heute mit ihr los? Ich verstand nicht, worum es ging. Viel Zeit zum Überlegen blieb mir aber auch nicht. Sonja nahm mich am Strick, unsere Besitzerin nahm Fidel. Ihr Mann lief ohne Pferd nebenher. Wir gingen ein Stück über die Wiese, und als ich mich gerade fragte, wozu der Mann eigentlich dabei war, öffnete er das große Weidentor. Aha, dafür war der da. Na ja, zu irgendetwas musste er ja auch zu gebrauchen sein. Wir gingen den Weg an den Wiesen entlang. Ich sah mich neugierig um und freute mich, Neuland zu erkunden. Fidel dagegen hatte mal wieder Angst. Wir waren schon an unserer großen Wiese vorbei, als ich Picasso und die anderen Jungs wiehern hörte. Sofort stemmte ich alle viere in den Boden. Okay – Sonjas Übungen in allen Ehren, aber ich konnte doch meine Freunde nicht zurücklassen. Immerhin war ich doch ihr Chef! Ohne mich kamen die doch gar nicht klar! Sie fühlten sich doch unsicher, wenn ich nicht in ihrer Nähe war. Ich wollte zurück. Nein, ich *musste* zurück! Wütend schlug ich mit dem Kopf und trabte ein paar Tritte. „Hooo, mein Junge, ist ja guuut!", versuchte mich Sonja zu beruhigen. *Junge*? Ich hör wohl nicht recht! Falls es deiner Aufmerksamkeit sein sollte, meine liebe Sonja - ich bin kein Junge mehr, ich bin ein *Mann*, dachte ich trotzig. Ich trabte noch einmal an, stoppte ab - und stieg kerzengerade in die Luft. „Hooo!" Dieses Mal klang es energischer. Ich hatte gehofft, Sonja würde sich erschrecken und den Strick loslassen, aber das war wohl nichts. Während ich mir gerade eine andere Strategie überlegte, um zurück zu meiner wiehernden Herde zu gelangen, hörte ich noch ein anderes Wiehern. Es kam von vorne. Wir waren fast an dem großen Hof angelangt, den wir von der Ferne aus immer sehen konnten. Ich wollte ja schon immer wissen, was hier so los ist. Und immer wenn Sonja davon gesprochen hatte, dass sie „in den anderen Stall" muss, war sie in diese Richtung verschwunden. Lebten hier all die Pferde, nach denen Sonja immer roch? Kamen hier all die Pferde her, die an unserer Wiese vorbei geritten wurden? Ich wollte es wissen und vergaß meinen Fluchtplan. Die Neugier auf den fremden Stall war einfach stärker. Schnurstracks nahm ich Kurs auf diesen geheimnisvollen anderen Stall. „Soooo ist brav!" Sonja klopfte meinen Hals. Fidel gab sich alle Mühe, so nah wie möglich bei mir zu bleiben. Als wir den Hof erreichten, konnte ich die anderen Pferde schon riechen. Wir gingen um ein großes Gebäude herum und standen schließlich vor einem großen Tor. Unser Besitzermann überholte uns. Ich wusste bis dahin gar nicht, dass er auch traben kann, denn das sah ich jetzt zum ersten Mal. Er öffnete die große Holztür. Wow! Ich blickte in eine lange, breite, und Licht durchflutete Stallgasse mit einer ganzen Reihe Boxen. Alle Pferde in dem Stall steckten neugierig ihre Köpfe über die Boxentüren und begrüßten uns mit einem freundlichen Blubbern. Aha - *das* war also der geheimnisvolle „andere Stall"!

Wir traten ein. Nein – ich trat nicht ein, ich stolzierte hinein! Fast alle Pferde, die ich hier sah, hatte ich tatsächlich schon einige Male an der Wiese vorbei kommen sehen. Die Boxen waren hell, sauber und dick mit frischem Stroh oder frischen Hobelspänen eingestreut. Sie waren kleiner als unser Riesenstall, aber dafür stand auch nur ein Pferd in jeder Box. Für Einzelzimmer waren sie dann doch recht groß. Jede Box hatte ein Fenster, aus dem die Pferde ihren Kopf herausstecken konnten. Jetzt aber reckten alle Pferde ihren Kopf auf die Stallgasse. Alle Augen waren auf uns gerichtet! Wie auf einem Laufsteg stolzierte ich über die blitzblank gefegte Stallgasse an den anderen Pferden vorbei. Fidel versuchte unauffällig zu bleiben und versteckte sich hinter mir. Etwa in der Mitte des Stalles standen zwei Boxentüren nebeneinander offen. Das waren unsere Boxen. Ohne zu zögern, folgte ich Sonja durch die erste offene Tür. Fidel blieb stehen. Er sollte in die Nachbarbox, aber ohne mich traute er sich keinen Schritt weiter. Zum ersten Mal wollte der Zwerg ernsthaft seinen eigenen Willen durchsetzen. Ich war überrascht – und stolz auf ihn! Er stand da wie ein Felsen, bewegte sich keinen Millimeter! „Komm schon!", forderte seine Besitzerin. Fidel rührte sich nicht von der Stelle. Sie zog an seinem Strick, aber er machte nur den Hals lang. Seine Beine blieben stehen.

„So ein sturer Esel!", brummte der Besitzermann. Und ihr ahnt es sicher schon: Sonja verdrehte die Augen. Sie zog mir mein Halfter aus und ging raus zu Fidel. Über meine Boxentür hinweg konnte ich alles sehen und verfolgte gespannt das Geschehen. Sonja nahm Fidels Strick in die Hand und sprach ihm beruhigend zu. Nun – zu ihr hatte Fidel Vertrauen, schließlich hatte sie sich bereits dreieinhalb Jahre liebevoll um uns gekümmert. Unsere Besitzer dagegen kamen immer nur, wenn es etwas Besonderes zu sehen gab. Etwas unsicher, aber doch vertrauensvoll folgte Zwerg Fidel Sonja in seine Box. Erst jetzt bemerkte ich, dass ein Teil unserer Trennwand aus Gittern bestand. So konnten wir uns wenigstens noch sehen und beschnuppern. Fidel fiel ein Stein vom Herzen. Wenn er mich sehen konnte, fühlte er sich einfach sicherer. Nun, ehrlich gesagt verstand ich trotzdem nicht, warum wir jetzt Einzelboxen haben sollten. Uns hatte der riesige Offenstall sehr gut gefallen und wir waren beste Kumpels, warum sollten wir nun getrennt werden? Wie ich schon sagte, es ist nicht immer leicht für uns Pferde, die Ideen der Zweibeiner zu verstehen. Zuweilen scheinen uns diese Ideen recht seltsam und unsinnig. Andererseits war uns aber auch noch nie etwas Schlimmes dabei passiert, also beschlossen wir erst einmal abzuwarten und uns hier einmal genauer umzusehen. So steckten wir die Köpfe aus den Fenstern und schauten uns um. Hinter dem Stall gab es ganz viele kleine Wiesen. Sie waren deutlich kleiner als die Wiesen, die wir bisher kennengelernt hatten. Gerade so ausreichend, um sich darauf auszutoben. Es standen aber gar keine Pferde auf den Wiesen, alle waren im Stall. Das gab mir zu denken, doch viel Zeit zum Grübeln blieb nicht. Plötzlich blubberten die anderen Pferde freudig erregt vor sich hin. Sonja kam mit der Heukarre und begann zu füttern. Aha, *darum* waren die alle drin - es war Futterzeit! Da hier alle Pferde einzeln gefüttert wurden, dauerte die Prozedur länger, als in unserem Offenstall. Für meinen Geschmack *zu* lange! Ungeduldig drehte ich ein paar Runden in meiner Box, aber es half nichts. Sonja fütterte der Reihe nach. Dabei fiel mir auf, dass in der Trennwand zu meiner Linken ja auch noch ein Gitter war. Der mächtige Rappe nebenan, (Rappen sind ganz schwarze Pferde, und sie *bleiben* auch schwarz), hatte aber nur Augen für die duftende Heukarre. Was soll´s, mit dem würde ich mich später noch unterhalten. Endlich waren wir dran. Das Heu schmeckte hier genau so gut wie draußen, das beruhigte mich. Der Vorteil einer Einzelbox war, dass ich mein Heu nicht vor den Anderen verteidigen musste. Aber es gab auch einen Nachteil: Ich konnte Fidel gar nicht helfen, seinen Heuberg klein zu kriegen. Warum musste denn alles Gute, auch immer eine schlechte Seite haben?

Wir waren noch mit unserem Heu beschäftigt, da ging erneut ein freudiges Brummeln durch die Reihe. Was war denn jetzt schon wieder? Ah! Sonja kam mit einer riesigen Futterkarre, gefüllt mit diesem leckeren Pferde-Müsli! Ein Glück, der Service hier schien sehr gut zu sein. Ganz so, wie wir es gewöhnt waren. „Ja, ja, ich komme ja schon!“, sagte Sonja. Sie beeilte sich, aber zwei Beine waren eben doch nur halb so schnell wie vier. Und leider ging es auch mit dem Müsli der Reihe nach, aber jetzt konnte ich ja so lange auf meinem Heu kauen und hatte auch schon was im Magen.

Nachdem ich mein Abendmahl genossen hatte, sprach mich der Rappe an: „Hallo Monsterzähmer, willkommen im Klub!“ „Du kennst meine Monstergeschichte?“ (Ich schien eine lebende Legende zu sein!) „Na klar, hast du mir doch selbst mal am Zaun erzählt. Schon vergessen?“ Ich konnte mich nicht genau erinnern, ohne Reiter sahen die alle ganz anders aus. Der Rappe hieß „Adonis“. Weil mir das aber zu kompliziert war, nannte ich ihn kurzerhand „Addi“. Wir plauderten noch eine ganze Weile, während Fidel sich mit dem Nachbarn zu seiner rechten Seite anfreundete. Aus der Ferne konnten wir unsere Freunde im Offenstall noch einige Male wiehern hören, und gelegentlich antworteten wir ihnen. Die Geschichten unserer neuen Nachbarn waren aber so spannend, dass sie uns von den Sorgen um unsere Kumpels ablenkten. Picasso konnte mich ja da draußen auch mal vertreten. Der würde sich freuen, wenn er sich jetzt endlich wieder als Chef aufspielen durfte!

Am späten Abend kam Sonja noch einmal, um „nach dem Rechten“ zu sehen und legte einigen der Pferde Decken auf den Rücken. Was sollte das denn? Sonja hatte ich ja schon einmal eingemummelt in einer Wolldecke gesehen – aber Pferde? Hey, wir haben doch Fell! Ich traute meinen Augen nicht. Noch mehr aber erstaunte mich: Die Pferde ließen es sich widerstandslos gefallen. Es schien sie gar nicht zu stören! Auch Addi bekam eine Decke aufgelegt, Fidel und ich blieben aber zum Glück verschont!

Unglaubliche Geschichten

Mir brummte der Kopf von den ganzen Geschichten, die Addi mir in der ersten Nacht erzählte und ich war noch sehr müde, als Sonja morgens mit der Heukarre kam. Ich wusste nicht, ob ich das alles glauben sollte, oder ob Addi mir Märchen auftischte. Fidel erging es ähnlich. Sein Boxennachbar hieß – ja stellt es euch nur vor – „Duc de Normandie"! *Drei* Namen für *ein* Pferd! Unfassbar, was diese verrückten Menschen sich einfallen ließen! Für uns hieß er „Duc" - basta! Sonja benutzte übrigens die gleichen Namen wie wir, ihr schien das wohl auch alles zu kompliziert zu sein.

Addi und Duc hatten uns die unglaublichsten Geschichten zu berichten. Sie waren Turnierpferde, Spezialgebiet Springen, genau wie unsere Mamas. Später erfuhr ich dann, dass es noch eine ganze Reihe anderer Spezialgebiete gibt, aber darauf komme ich später noch zurück. Sie erzählten uns von riesigen Kisten auf Rädern, sogenannten LKW, in die man Einstieg, und nach einiger Zeit des Brummens und Schaukelns, plötzlich ganz woanders ankam, obwohl man gar nicht gelaufen war! Mama Cora hatte mir so etwas schon einmal erzählt, aber damals hielt ich das noch für ein amüsantes Einschlaf-Märchen. Ich konnte mir nicht vorstellen, dass es wahr sein sollte. Duc setzte noch eins drauf: Er erzählte Fidel, dass er schon einige Male in einem *Flugzeug* geflogen sei! Wo waren wir hier nur gelandet? War das die Burg Münchhausen der Pferde oder was? Und - gab es auch vierbeinige Lügenbarone? Wenn ja, dann mussten diese beiden welche sein! Nein, ich glaubte ihnen kein Wort! Ich war heilfroh, als Sonja uns endlich auf die Wiese brachte.

Fidel und ich durften zusammen auf eine der kleinen Wiesen, die anderen Pferde standen alle einzeln draußen. Manche hatten Decken an und trugen seltsame Wadenwickel oder Beinschoner. Die Menschen nennen diese Dinger „Bandagen“ und „Gamaschen“. Es soll die Pferdebeine vor Verletzungen schützen. Na, vielen Dank! Ich war bisher auch ganz gut ohne diesen ganzen Kram ausgekommen, und heilfroh, dass Fidel und ich zunächst auch davon verschont blieben.

Wir tobten fröhlich und ausgelassen über die Wiese und plauderten zwischendurch über die hohen Zäune mit den Wiesennachbarn. Aber die schienen alle ein bisschen verrückt zu sein, denn jedes Pferd hier hatte verrückte Geschichten zu erzählen. Ich wusste nicht, was ich davon halten sollte. Besonders interessant fand ich es von unserer Wiese aus auf den riesigen Sandplatz zu schauen, auf dem die Pferde geritten wurden. Man nennt das wohl „Reitplatz“, und damit war es endlich mal ein Wort, das auch Sinn machte. Es war sehr spannend, den Pferden bei der Arbeit zu zusehen. Sie drehten größere und kleinere Kreise, galoppierten Runden, Geraden und Bögen. Ab und zu trabten sie über auf dem Boden liegende Stangen, oder hopsten über kleine Hindernisse. Ich konnte es mir nicht erklären, aber die Pferde taten alle so, als ob all das ganz *normal* wäre! Jedenfalls herrschte ein reges Treiben auf diesem Reitplatz und es gab viel zu sehen. So verging die Zeit wie im Flug, und schon kam Sonja wieder, um uns zurück in den Stall zu bringen. Hey – Moment mal, es kann doch unmöglich schon Abend sein! Wir haben kaum Gras gefuttert, wir sind ja gar nicht dazu gekommen! Nach meiner Zeitrechnung kann es höchstens Mittag sein! Mein protestierender Blick wurde einfach ignoriert, Sonja nahm uns kurzerhand mit! Wir staunten nicht schlecht, denn wir hatten schon Heu und Müsli bekommen. Nicht übel, hier gab es *dreimal* täglich Futter! Im Offenstall gab es immer nur zwei Mahlzeiten, den Rest mussten wir uns selbst auf der Wiese holen. Na ja, der Service hier schien wirklich ausgezeichnet zu sein. Und vielleicht durften wir ja nach der Mittagsmahlzeit wieder raus? Eins nach dem Anderen, erst mal in aller Ruhe auffressen, und vielleicht noch ein kleines Nickerchen machen …

Sonja wuselte den ganzen Tag durch den Stall. Pausenlos brachte sie Pferde auf die Wiese, holte andere wieder rein, wickelte Bandagen um die Beine der Kollegen und wieder ab, schmierte manchen eine glibberige Paste auf die Beine, wenn sie von der Arbeit zurückkamen, und, und, und. Es schien immer etwas für sie zu tun zu geben. Meistens sang oder pfiff sie dabei, und im Hintergrund lief den ganzen Tag Musik. Wir konnten uns kaum entscheiden, ob wir lieber aus dem Fenster oder auf die Stallgasse schauen wollten. Es gab überall so viel zu sehen. Endlich kam sie wieder zu uns. Die Besitzerin war auch dabei. Wir bekamen wieder die Halfter an und wurden aus den Boxen geführt. „So Jungs, jetzt machen wir mal einen Rundgang, damit ihr euch alles ansehen könnt“, hörte ich Sonja sagen. Na dann mal los! Wir marschierten eine Runde über den Hof, an dem Reitplatz vorbei, eine Runde durch eine riesige Halle, und von außen an der langen Fensterreihe vorbei. Es folgten weitere Runden. Am Anfang behielt mich Sonja dabei ganz gut und wachsam im Auge. (‚Sicher ist sicher‘, schien auch ihre Devise zu sein.) Da ich ganz ruhig und gelassen neben ihr her schlenderte, wurde sie langsam unaufmerksamer und begann mit der Besitzerin zu plaudern. Meinen Strick hielt sie ganz locker. Ich fragte mich, was meine Herde im Offenstall wohl so trieb. Kamen sie ohne mich klar? Die würden Augen machen, wenn ich ihnen über die Abenteuer der Pferde hier berichten würde! Am liebsten wollte ich es sofort tun, damit ich auch nichts wieder vergesse. „Die sind aber wirklich brav für so junge Pferde“, hörte ich meine Besitzerin sagen. Genau in diesem Moment kam ihr Mann auf seinem klappernden Drahtgestell um die Ecke gesaust. Danke, das war *genau das*, worauf ich gewartet hatte! Blitzschnell machte ich einen Riesensatz zu Seite. Sonja verlor das Gleichgewicht und stürzte. Pardon liebe Sonja, das wollte ich nicht. Aber ich MUSS jetzt nach meinen Jungs sehen! Im gestreckten Galopp preschte ich aus dem Hoftor.

Sonja tobte vor Wut! „Wie kann man nur so unsensibel sein? Du weißt doch, dass es junge Pferde sind!“, keifte sie den Besitzermann an. Glück gehabt, die war also gar nicht auf mich sauer! Was sie noch alles sagte, konnte ich nicht mehr hören. Ich musste mich jetzt beeilen, um schnell bei meinen Jungs zu sein! Ich wieherte schon aus der Ferne, um meine Bande an den Zaun zu rufen. Aber wo waren die Schlafmützen denn? An der Wiese angekommen, bremste ich ab und wieherte noch einmal. Keine Antwort. Cora und Laska waren mit ihren Fohlen draußen, aber von meinen vier Kumpels - keine Spur! Sie schienen genau so plötzlich verschwunden zu sein, wie sie damals vor drei Jahren gekommen waren. Fassungslos stand ich am Zaun. Als Sonja kam, ließ ich mich ohne einen weiteren Fluchtversuch wieder von ihr zurückführen. „Zum Glück hast du dich nicht verletzt, mein Junge.“ Sie tätschelte mir erleichtert den Hals. Natürlich nicht – warum sollte ich mich verletzen? Ich wollte doch nur nach meiner Herde sehen! Sonja machte sich einfach zu viele Sorgen. Fidel hatte halbherzig versucht sich auch loszureißen, aber sofort wieder aufgegeben, als er das Halfter auf der Nase gespürt hatte. Er war und blieb eben - ein Weichei!

Als wir an dem Besitzermann vorbei marschierten, warf Sonja ihm einen Blick zu – ich kann euch sagen, wenn sie mich je mit einem solchen Blick bedacht hätte, mir wäre angst und bange geworden! Aber *ich* war ja ihr lieber Junge. Und sie war nur froh, dass mir nichts passiert war. Ich machte mein ich-kann-kein-Wässerchen-trüben-Gesicht und absolvierte noch eine vorbildlich brave Runde über den Hof. Sonja ließ mich jetzt nicht mehr aus den Augen. Sie humpelte leicht. Nicht nur, dass Menschen nur zwei Beine zu wenig hatten - die zwei Beine, die sie hatten, schienen auch nicht so stabil zu sein wie unsere. Ich war beim Toben auf der Wiese auch schon mal hingefallen, aber ich lahmte doch nicht gleich! Zurück in meiner Box, wurde ich nachdenklich. „Was haben unsere Kumpels gesagt?“, wollte Fidel wissen. „Sag schon, kommen sie auch bald hier rüber?“, quengelte er. Ich wusste nicht, wie ich es ihm beibringen sollte. Als ich es ihm endlich erzählt hatte, wurde er traurig. „Ich werde sie vermissen“, jammerte er, „obwohl sie mich manchmal geärgert haben.“ Ich war froh, dass der Zwerg noch bei mir war. *Ihn* hätte ich noch mehr vermisst, er war schließlich mein bester Freund.

An diesem Abend war ich sehr froh darüber, dass uns unsere neuen Boxen-Nachbarn mit ihren Geschichten ablenkten. Und ich begann sogar, die Geschichten zu glauben. Bis heute Mittag hätte ich mir in meinen kühnsten Träumen nicht vorstellen können, dass vier ausgewachsene Pferde auf einen Schlag spurlos verschwinden konnten, aber ich hatte es ja mit eigenen Augen gesehen! Ich begriff, dass es Dinge gab, die so verrückt zu sein schienen, dass man sie sich nicht im Entferntesten vorstellen konnte. Doch diese Dinge konnten sich dennoch als wahr herausstellten. Waren meine Freunde etwa in einen LKW gestiegen? Oder gar in ein Flugzeug? Sie konnten sich doch nicht in Luft aufgelöst haben! Na, ich würde es schon noch herausfinden! Wir lauschten also aufmerksam den Geschichten von Addi und Duc. Vielleicht konnten wir aus den fellsträubenden Geschichten der beiden etwas lernen, das uns half, dieses Rätsel zu lösen? Addi war sich sicher, dass meine Kumpels in einen LKW gestiegen, und zu ihrem Besitzer zurückgefahren waren. Schließlich waren sie jetzt in dem Alter

„eingeritten“ zu werden. Moment mal! – Die waren doch alle ungefähr genau so alt wie Fidel und ich! Sollte das etwa heißen … Addi lachte. „Was glaubst du denn, wofür ihr hier seid? Ihr werdet jetzt zu Reitpferden ausgebildet. Vermutlich sogar zu Springpferden, wie wir alle hier.“ Ich wusste nicht so recht, was ich davon halten sollte. Gut – es sah ja ganz interessant aus. Und es machte mir auch Spaß, den Reitpferden bei der Arbeit zu zusehen. Sie wurden viel gelobt und bekamen nach der Arbeit oft Leckerlis oder Karotten. Aber ehrlich gesagt – bis jetzt hatte ich es auch noch nie wirklich vermisst, einen Reiter mit mir herumzutragen. Warum sollte ich also damit anfangen?

Addi beschrieb mir das ganze Ausbildungsprogramm. Von der Longenarbeit, das ist ein leichtes Training, bei dem man an einer langen Leine im Kreis läuft, bis zum späteren Springtraining erklärte er mir alles ganz genau. Ich erinnerte mich wieder daran, dass ich einige Dinge schon von Mama und Laska gehört hatte. „Du brauchst dir keine Sorgen zu machen“, beruhigte Addi, „die Leute hier sind sehr nett. Wir werden sehr schonend ausgebildet und nie überfordert. In anderen Ställen geht es da ganz anders zu!“ Addi war nicht hier geboren. Weil er so viel Talent hatte und unglaublich hoch springen konnte, wollte sein früherer Besitzer so schnell wie möglich einen „großen Star“ aus ihm machen. Sie gaben ihm keine Zeit zu lernen. Er sollte schon im Alter von knapp drei Jahren riesige Hindernisse überspringen. Und je besser er seine Sache machte, desto höher und breiter wurden die Sprünge, die sie ihm hinstellten. Leider wuchsen die Hindernisse schneller als seine Muskeln, die er dafür dringend benötigt hätte. Und weil seine Knochen noch nicht genug Unterstützung von der Muskulatur hatten, bekam er starke Schmerzen. Er war einfach noch nicht so weit, aber das interessierte niemanden. Er sollte immer höher, weiter, schneller springen. Die Schmerzen wurden stärker und Addi verlor die Lust an seinem Job. Er begann sich zu wehren. Immer häufiger verweigerte er vor den Hindernissen. Sein Besitzer machte sich aber keine Gedanken darüber, *warum* Addi plötzlich nicht mehr springen wollte, sondern übte mehr Druck auf ihn aus. Er versuchte, ihn zu zwingen. Bei einer solchen Auseinandersetzung, (Addi wollte verweigern, gab aber im letzten Moment dem Druck nach und entschied sich doch noch zu springen), passierte es dann: Addi krachte mitten in ein Hindernis! Zum Glück hatte er sich nicht verletzt, aber einen mächtigen Schrecken bekommen. Er beschloss, *nie wieder* zu springen. Er vertraute seinem Besitzer nicht mehr, (wen wundert es?) und ging auf zehn Meter an keine Hindernisstange mehr heran! So sehr sie es auch versuchten, Addi blieb standhaft – im wahrsten Sinne des Wortes!

Unsere Besitzerin hörte damals von dem Vorfall. Sie wusste, wie talentiert, (man sagt auch „hoch veranlagt“), Addi war und wollte ihm eine Chance geben. Also kaufte sie ihn. Das war Addis Glück. In den ersten Monaten auf unserem Hof durfte er sich erst einmal von diesen furchtbaren Erlebnissen erholen. Niemand setzte ihm einen Sprung vor die Nase, niemand überforderte ihn. Er sollte zuerst einmal wieder Spaß an der Arbeit bekommen und Muskeln aufbauen. Er durfte viel auf der großen Wiese toben, wurde von Sonja longiert und ein bisschen im Wald spazieren geritten. Zwischendurch kontrollierte der Tierarzt regelmäßig seinen Zustand. So erholte Addi sich schnell und freute sich schon nach kurzer Zeit, wenn Sonja mit seinem Sattel kam. Ganz langsam wurde sein Arbeitspensum dann gesteigert. Es wurde peinlichst darauf geachtet, immer aufzuhören, bevor ihm die Lust verging. Nach und nach kam etwas Dressurarbeit als „leichte Gymnastik“ hinzu. Das war ihm eine willkommene Abwechslung und half ihm Muskeln aufzubauen. So baute Addi schnell Vertrauen zu Sonja und meiner Besitzerin auf und lernte, dass Arbeit auch Spaß machen konnte. Er sah seine Aufgaben jetzt nicht mehr als Stress an, sondern als willkommene Abwechslung, und fühlte sich von Tag zu Tag besser dabei. Da sein Arbeitspensum seinen körperlichen Möglichkeiten angepasst wurde, fiel es ihm leicht, die Aufgaben zu bewältigen. Und er genoss es, für jeden kleinen Fortschritt gelobt zu werden. Täglich kam Addi mit dem Gefühl „ich hätte locker noch ein bisschen mehr machen können“ zurück in den Stall. Und nach einer Weile bekam er sogar wieder Lust zu springen! Eigentlich hatte es ihm nämlich auch Spaß gemacht, bevor sein erster Besitzer es so übertrieben hatte. An das Springtraining wurde er hier dann genau so behutsam wieder herangeführt, bis er schließlich auf Turnieren jede Menge Schleifen und Pokale absahnte. Inzwischen springt Addi sehr erfolgreich Springen der schwersten Klasse (Klasse S) und ist Springpferd aus Leidenschaft. Er kämpft – aber jetzt kämpft er nicht mehr *gegen* seinen Reiter sondern *für* seine Reiterin! Es macht ihm Spaß und er kann es kaum erwarten, in den Parcours zu kommen. Wenn sein früherer Besitzer ihn auf Turnieren sieht, wird er gelb und grün vor Wut und tituliert Addi mit Ausdrücken, die ich hier lieber nicht wiederholen möchte. Wir Pferde haben schließlich Anstand!

Addis Geschichte beeindruckte mich sehr. Ich machte mir keine Sorgen um Fiedel und mich, uns würde es hier schon weiterhin gut gehen. Aber was war mit unseren Freunden? Würden sie auch die Zeit bekommen, die sie brauchten? Wir kannten ihren Besitzer ja nicht. Dachte er oder sie darüber nach, was er mit seinen Pferden machte? Könnte meine lieben Freunde ein ähnlich trauriges Schicksal ereilen, wie Addi? Würde man auch sie rücksichtslos und ohne Verstand über viel zu hohe Hindernisse jagen? Picasso würde sich ja vielleicht zu wehren wissen, aber was war mit den anderen Jungs? Ich fragte mich, ob auch sie Springpferde werden würden? Ob sie wohl talentiert oder gar „hoch veranlagt" waren? Ob wir, Fidel und ich, talentiert waren? Ob ich meine Kumpels wohl jemals wiedersehen würde? Mit vielen Fragen im Kopf schlief ich erschöpft ein.

Neue Aufgaben

Wie Addi ganz richtig vorausgesagt hatte, wurden wir zu Springpferden ausgebildet. Es war ein sehr abwechslungsreiches Programm. Und obwohl wir jetzt nur noch halbe Tage auf die Weide kamen, gab es keine Langeweile. Wir wurden behutsam an alle neuen Aufgaben herangeführt und viel gelobt, wenn wir unsere Sache gut machten. Mal gab es Longenarbeit, mal führte uns Sonja über am Boden liegende Stangen, und nach einer Weile durften wir alleine über kleine Hindernisse springen, die an der Reithallenwand aufgestellt waren. Die Menschen nennen es „Freispringen“. Das war ein Spaß! Die Dinger waren winzig klein, aber ich machte immer riesige Sätze darüber. Dieses Training mussten wir allerdings immer einzeln absolvieren. Am Anfang war es ganz schön ungewohnt, wenn einer von uns „zur Arbeit“ ging, während der Andere im Stall zurückbleiben musste. Sonja achtete aber immer darauf, dass unsere Boxennachbarn da waren. Und da wir uns mit denen schon recht gut angefreundet hatten, war es in Ordnung für uns. Der Vorteil an der Einzelarbeit war, dass Fidel und ich uns gegenseitig von unseren neuen Aufgaben berichten konnten. Das Longieren beherrschte der Zwerg auch schon perfekt. Und genau wie ich, hatte er auch schon gelernt, einen Sattel auf seinem Rücken zu tragen. Die Arbeit mit den Stangen lag ihm allerdings weniger. Schon, wenn Sonja ihn nur im Schritt über eine einzelne am Boden liegende Stange führte, kam er mit seinen Beinen durcheinander. Er latschte meistens mitten drauf oder stolperte darüber. Er gab sich Mühe und wollte es gut machen, aber es wollte ihm einfach nicht gelingen. Trotzdem bekam

Fidel viel Lob, denn sein guter Wille wurde anerkannt. Aber Sonja machte oft ein sorgenvolles Gesicht, wenn sie mit ihm von der Arbeit zurückkam. Auch beim „Einreiten“, (so nennt man es, wenn wir lernen einen Reiter zu tragen), machten wir gute Fortschritte. Sonja und unsere Besitzerin waren sehr zufrieden mit uns. Und kaum hatten wir gelernt, sicher einen Reiter auf dem Rücken zu tragen, durften wir auch oft wieder gemeinsam zur „Arbeit“ gehen. Mal saßen Sonja auf meinem und unsere Besitzerin auf Fidels Rücken, mal umgekehrt. Und manchmal gingen wir mit unseren Reitern auf dem Rücken gemeinsam im Wald spazieren.

Als dann das leichte Springtraining mit Reiter anfing, begann auch ich mir Sorgen um den kleinen Fidel zu machen. Er gab sich wirklich Mühe, aber obwohl die Hindernisse noch winzig klein waren, stolperte er häufig darüber und warf sie um. Ich machte ihm die Übungen mit Leichtigkeit vor. Mir persönlich waren diese Mini-Sprünge, die man „Cavalettis“ nennt, schon fast zu langweilig, aber für Fidel waren sie ein Problem. Es gelang ihm einfach nicht es auch nur annähernd so elegant nachzumachen, wie ich es ihm vormachte. Das zweite Problem war: Fidel blieb eben auch ein furchtbar ängstliches Weichei! Es gibt viele verschiedene Arten von Hindernissen: bunte Stangen, Holzkisten, die so bemalt sind, dass sie wie Mauern aussehen, kleine Hecken und Gatter, bunte Folien, und, und, und. Die Ideen der Menschen schienen wirklich keine Grenzen zu kennen, wenn es darum ging, Hindernisse zu bauen. Ich fand das prima, mir konnte es gar nicht bunt genug zugehen! Hey - warum hätte ich auch Angst vor *Stangen* haben sollen? Schließlich hatte ich bereits im zarten Alter von zwanzig Tagen das gefährliche Knistermonster besiegt. Das Knistermonster, vor dem selbst unsere mutigen Mütter Angst hatten. Ich hatte es ganz alleine besiegt und gezähmt – was sollte *mir* also passieren?

Fidel dagegen hatte kein Knistermonster besiegt. Er war und blieb nun mal ein liebenswerter Angsthase. Immer, wenn eine neue Art von Hindernis aufgebaut wurde, stemmte er erst einmal alle viere in den Boden, und starrte es mit großen Augen an. Selbst ich, als Fidels bester Freund und sein großes Vorbild, konnte ihn nur schwer davon überzeugen, dass diese Dinger völlig harmlos waren. Ich machte es ihm oft vor, zeigte ihm, wie leicht es ist und wie ungefährlich die bunten Stangen sind. Doch seine Reiterin musste ihm bei jedem neuen Hindernis zusätzlich noch lange gut zureden, bevor er sich dann endlich rüber traute.

Eines Tages hatte auch unser Besitzermann dem Training zugesehen. „Der wird nie was“, brummte er. „Der hat einfach kein Herz!“ *Kein Herz?* Ich glaubte, meinen Ohren nicht zu trauen! Wie konnte dieser unverschämte Kerl so etwas über meinen besten Freund sagen? Natürlich hatte der Zwerg ein Herz – ein sehr gutes sogar! Ich war empört. Erst später erfuhr ich, dass die Menschen es so nennen, wenn ein Pferd nicht von selbst den Willen hat, zu springen. Es war das erste Mal, dass Sonja nicht die Augen verdrehte. Sie nickte nur traurig und gab niedergeschlagen zu: „Ja, der Kleine gibt sich wirklich die größte Mühe, aber das Springen scheint wirklich nicht seine Welt zu sein.“ „Wir werden versuchen, ihn als Freizeitpferd in gute Hände unterzubringen“, sagte die Besitzerfrau. Auch sie wirkte etwas niedergeschlagen und traurig. Was bitte war denn nun wieder ein *Freizeitpferd*? Und was hieß *„in gute Hände unterbringen“*? Ich hatte keine Ahnung, wovon die mal wieder redeten. Nun - ich würde es schon noch herausfinden, aber jetzt war erst mal Futterzeit!

An diesem Abend beließ es Sonja nicht bei ihrer üblichen Kontrollrunde, die sie jeden Abend machte. Normalerweise kontrollierte sie vor dem Schlafengehen immer noch mal, ob wir alle wohlauf waren, ob auch keiner unter seiner Decke schwitzte, und streichelte jedem von uns liebevoll über den Kopf, bevor sie dann bis zur Morgenfütterung verschwand. An diesem Abend aber setzte sie sich noch in Fidels Box und sah ihn lange schweigend und sorgenvoll an. Bei genauerem Hinsehen stellte ich fest, dass ihr Tränen über die Wangen liefen. Aber es waren andere Tränen als die, die ihr übers Gesicht rollten, wenn ein Fohlen geboren wurde. Das spürte ich. Ein ungutes Gefühl machte sich in mir breit.

In den nächsten Wochen änderte sich nichts, außer dass Fidel jetzt kein Springtraining mehr absolvieren musste. Er wurde stattdessen fast jeden Tag zusammen mit einem der älteren Pferde im Wald spazieren geritten. Er vermisste das Springen nicht, aber er hatte auch im Wald vor jedem Blatt und jedem Eichhörnchen Angst. Er war mein bester Freund, aber - er war und blieb eben ein Weichei! Wir waren immer beschäftigt. Den halben Tag verbrachten wir auf der Wiese, und nach dem Mittagsfutter standen immer irgendwelche Übungen auf dem Programm. Inzwischen hatten wir längst gelernt mit dem Pferde-Anhänger und mit dem LKW zu fahren, und auch die Beinschoner (Gamaschen), die uns zur Arbeit angelegt wurden, waren inzwischen schon ganz selbstverständlich für uns geworden. Die Reitarbeit war sehr abwechslungsreich und machte Spaß. Immer, wenn ich dachte, ich könnte jetzt alles, lernte ich wieder etwas Neues hinzu. Es kam nie Langeweile auf. Damals wusste ich auch noch gar nicht, was „Langeweile“ ist, das sollte ich erst später erfahren.

Inzwischen hatte ich auch herausgefunden, was es mit den Decken auf sich hatte. Damit wir bei der Arbeit nicht so schwitzten, wurde uns das lange Winterfell kurz geschoren. Zuerst hielt ich das natürlich für völligen Unsinn. Aber ich muss zugeben, ohne den dicken Winterpelz, mit dem ich schon nach einer Trabrunde schwitzte, fiel mir die Arbeit wirklich viel leichter. Es hätte ewig gedauert meinen langen Pelz wieder trocken zu bekommen, wenn ich damit gearbeitet hätte. Und dann wären die Erkältungsgefahr, und die Gefahr einen mächtigen Muskelkater zu bekommen, sehr hoch gewesen. Natürlich kann man uns aber nicht unser schützendes Winterfell wegnehmen und uns dann einfach so nackig in der Kälte stehen lassen, denn außerhalb der Arbeit würden wir ohne Decken frieren, wenn wir geschoren sind.

Die Natur hat uns mit dem Winterfell zwar bestens ausgerüstet für ein Leben in der Freiheit, aber die Natur hat nicht damit gerechnet, dass viele von uns arbeiten müssen. (Oder sollte ich lieber "*dürfen*" sagen?) Wie auch immer – Sonja war immer sehr darauf bedacht, dass wir nicht unter den Decken schwitzten, aber auch nicht froren. Pausenlos beobachtete sie ganz genau, ob wir uns wohlfühlten, gab Acht, dass die Decken nicht verrutschten und uns perfekt passten. So gewöhnten wir uns sehr schnell an die Decken und nahmen sie bald als selbstverständlich hin.

Es war kaum zu glauben, aber viele Dinge, die Addi und Duc uns in den ersten Tagen erzählt hatten, und die uns damals noch unvorstellbar schienen, waren für uns jetzt schon völlig normal. Ab und zu fragte ich mich, ob es unseren vier Jugendfreunden genau so gut ging wie uns. Ich hoffte es sehr. Ob sie schon genau so viel gelernt hatten wie wir? Ob sie irgendwann wieder kommen würden? Ob Picasso jetzt wieder Chef der Herde war? Ich fragte mich, ob sie auch schon so gut springen konnten wie ich, oder ob ihnen die bunten Hindernisse genau so zu schaffen machten, wie meinem Freund Fidel. Ach, wie gerne hätte ich sie jetzt noch mal wieder gesehen …

Besuch für Fidel

Eines Tages kam eine fremde Frau in unseren Stall. Das allein war nicht ungewöhnlich, es kamen oft Besucher zu uns. Der Besitzermann zeigte ihnen dann meisten ganz stolz seinen Stall und seine Pferde. Einmal in der Woche kam auch der Reitlehrer, um Sonja und meiner Besitzerin Reitunterricht zu geben. Sie konnten zwar schon sehr gut reiten, und wir waren eigentlich ganz zufrieden mit ihnen. Aber sie waren sehr streng mit sich selbst und wollten es immer noch besser machen. Der Tierarzt und der Hufschmied kamen auch regelmäßig, um zu kontrollieren, ob alles mit uns in Ordnung war. Besucher waren also nichts Ungewöhnliches für uns, aber der Besuch dieser Frau, schien irgendetwas Besonderes zu sein.

Nachdem sie sich mit Sonja bekannt gemacht hatte, sahen sie sich Fidel an, wobei Sonja der fremden Frau alles über ihn erzählte. Sie zählte alle seine guten Seiten auf, aber sie verschwieg auch nicht, dass Fidel ein Weichei war. Sie drückte es netter aus, aber es war durchaus zu verstehen, was sie meinte. „Man braucht sehr viel Geduld und Pferdeerfahrung für ihn“, erklärte sie der Fremden. „Mann muss bereit sein, sehr viel Zeit zu investieren, aber es ist die Mühe wert, Fidel ist wirkliche ein herzensguter Kerl“, erklärte sie. Derweil tastete sich Fidel vorsichtig an die Frau heran und begann sogar zaghaft mit der Fremden zu schmusen. Das tat er sonst nur mit Sonja, er schien diese Frau also zu mögen. Die Fremde hörte sehr aufmerksam zu, während sie Fidel sanft kraulte. Sie stellte Sonja noch eine ganze Menge Fragen, und ich hatte schon Angst, die beiden würden glatt über unsere Futterzeit hinaus quasseln. Soweit kam es aber nicht. Unser Futter wurde, wie immer, pünktlich serviert und die Frau war wieder verschwunden. An diesem Abend überlegten Fidel und ich gemeinsam noch lange, was dies alles zu bedeuten haben mochte. Addi und Duc schienen es zu wissen, wollten es uns aber nicht verraten.

Am nächsten Tag kam die Frau wieder. Wie jeden Tag wurden wir ausgiebig gestriegelt und gebürstet. (Man sagt auch „geputzt"). Wir genossen das sehr, und die fremde Frau, die jetzt Fidel putzte, schien es genau so gut zu können, wie unsere Sonja. Trotzdem behielt Sonja die Fremde ganz genau im Auge. Ich glaube, es war auch für sie etwas ungewohnt, dass eine Fremde nun *unseren* Zwerg putzte. Bis zu diesem Tag waren wir immer nur von Sonja und unserer Besitzerin geritten worden. So traute ich dann meinen Augen kaum, als die Fremde dann in Fidels Sattel kletterte. Sie stellte sich aber sehr geschickt dabei an und achtete darauf, ihm nicht in den Rücken zu plumpsen, sondern saß ganz vorsichtig in den Sattel ein. Ganz so, wie wir es gewöhnt waren. Sonja schien zufrieden. Zwerg Fidel auch.

Sonja ritt mich, und wir drehten alle zusammen zuerst ein paar Schrittrunden in der Halle, wobei Sonja die Fremde beobachtete. Anfangs war Zwerg Fidel ganz schön angespannt, weil ihm die Fremde Frau auf dem Rücken noch nicht so ganz geheuer war. Doch nach einigen Runden, in denen die Frau so beruhigend auf Fidel einredete, dass ich fast eingeschlafen wäre, entspannte sich der Zwerg. Wir gingen hinaus auf den Sandplatz, danach noch ein Stück in den Wald. Der Zwerg drängelte sich wie immer ganz nah an mich und erschreckte sich vor allem, was er sah. Ich schritt tapfer voran. Es war mir ein Rätsel, wie ein ausgewachsenes Pferd von einem Blatt Papier, einem Eichhörnchen, oder ähnlich harmlosen Dingen Angst haben konnte. Aber so war Fidel nun mal. Die Fremde Frau redete pausenlos beruhigend auf den Zwerg ein und versuchte ihm Mut zu machen. Sie konnte es ja noch nicht wissen – er war, und blieb eben ein Weichei! Nach dem Ausritt redeten Sonja und die Fremde, deren Name Anke war, wieder sehr lange miteinander. Erneut machte ich mir Sorgen um mein pünktliches Abendmahl, aber auch heute war die Sorge wieder unbegründet. Ein Glück!

In den folgenden Tagen kam Anke täglich, um Fidel zu putzen, reiten und zu verwöhnen. Sonja hielt sie im Auge, schien aber von Tag zu Tag zufriedener mit der Entwicklung dieser Freundschaft zu sein. Und dann passierte es: Wir hatten uns ja schon an Ankes tägliche Besuche gewöhnt, und so dachte ich mir zunächst auch nichts dabei, als sie mit Fidel am Strick aus dem Stall ging. Ich dachte mir noch immer nichts dabei, als ich ihn draußen auf den Pferde-Anhänger stapfen hörte. Schließlich hatten wir das schon so oft in aller Ruhe geübt, dass selbst der Zwerg keine Angst mehr davor hatte. Nein, – erst als ich ihn aus der Ferne noch einmal laut Wiehern hörte, beschlich mich plötzlich dieses furchtbar ungute Gefühl. Und als Sonja dann wieder herein kam, und ich dicke Tränen über ihre Wangen rollen sah, wusste ich – Zwerg Fidel hatte uns verlassen! Wie hinterlistig und gemein von dieser Anke! Erst tat sie unheimlich nett, und dann nahm sie meinen besten Freund einfach mit! Was sollte der Zwerg denn ohne mich anfangen? Und was sollte ich ohne ihn anfangen? Wir waren über vier Jahre zusammen durch dick und dünn gegangen. Und jetzt? Jetzt war er weg! Einfach so. WEG! An diesem Abend wollte mir noch nicht einmal mein Müsli so recht schmecken. Ich war unendlich traurig. Am späten Abend kam Sonja und setzte sich in mein Boxenfenster. Ich legte den Kopf auf ihre Schulter und stand ganz still. Sie sagte nicht viel, aber ich verstand. Und ich wusste, dass sie auch mich verstand.

Sonja litt genau so sehr wie ich darunter, dass Fidel fort war. Der Zwerg war ihr genau so ans Herz gewachsen wie mir. Und obwohl sie hier so viele Pferde zu versorgen hatte, vermisste sie ihn sehr. Sie saß sehr lange da an diesem Abend und versuchte mich ein wenig zu trösten. Wir schauten sehr lange einfach hinaus in die Dunkelheit und trauerten gemeinsam. Ich mochte Sonja sehr. Und ja, sie war mir auch ein kleiner Trost. Aber – ich weiß, dass viele von euch Menschen das nicht gerne lesen – ein Mensch kann niemals ein Pferd als Freund ersetzen. Bitte nehmt das nicht persönlich und seid vor allem nicht traurig darüber – wir können nichts dafür, es liegt an unserem Instinkt. Trotzdem wissen wir aber immer euren guten Willen zu schätzen, wenn ihr es versucht. Und wir sind euch auch sehr dankbar dafür!

Auch Duc, der jetzt in Fidels Box eingezogen war, und Addi versuchten mich zu trösten, so gut sie konnten. Ich war froh über ihre Gesellschaft und hoffte, Fidel möge auch schnell neue Freunde finden, wenn er in seinem neuen Zuhause ankam. Ich wünschte mir von ganzem Herzen, meinen kleinen Freund irgendwann einmal wieder zu sehen. Aber ich wusste auch, dass dies sehr ungewiss war. So sehr ich Addi und Duc auch schätzte – Zwerg Fidel würden sie niemals ersetzen können. *Niemand* kann einen guten Freund ersetzen. Und schon gar nicht einen so guten Freund wie meinen kleinen Fidel …

Der große Auftritt

Das Leben ging weiter. Und da ich immer beschäftigt war, kam ich schnell über meinen Kummer hinweg. Die Turniersaison hatte begonnen, und Addi und Duc waren nun am Wochenende sehr oft unterwegs. Wenn sie vom Turnier zurückkamen, hatten sie immer spannende Geschichten zu berichten. Ich wurde langsam neugierig auf diese Turniere. Ich konnte doch schon so gut springen, wann durfte ich denn endlich einmal mit? Ich konnte es kaum erwarten. Die Beiden hatten aber nicht nur spannende Geschichten, sondern auch alberne Locken in der Mähne, wenn sie von den Turnieren zurückkamen. Was es damit auf sich hatte, sollte ich schon bald erfahren!

An diesem Samstagmorgen kam Sonja etwas früher zur Morgenfütterung als sonst. Irgendwie schien sie ein wenig nervös zu sein. Wenn ich sie nicht so gut gekannt hätte, wäre es mir vielleicht gar nicht aufgefallen, aber ich kannte sie *sehr* genau! Hier war irgendetwas faul! Nun, ich würde mich später darum kümmern, jetzt war erst mal Frühstückszeit! Ich war ja nun schon immer ein sehr cleveres Kerlchen, darum bemerkte ich sofort, dass sie mich an diesem Tag *noch gründlicher* putzte und wienerte als sonst. Übrigens hatte Sonja Recht behalten – ich wurde tatsächlich ein Schimmel! Mein Fell war jetzt nicht mehr schwarz. Mit jedem Wechsel vom Sommer- zum Winterfell und zurück, (man nennt das „Fellwechsel"), hatte ich nach und nach immer mehr weiße Haare bekommen. Die dunkleren Haare bildeten ein Muster in meinem Fell, das an Äpfelchen erinnerte, darum nennt man das nennt man dann „Apfelschimmel". Das macht Sinn, oder?

Auch, was meine Beine betraf, hatte Sonja Recht behalten. Sie hatten sich längst „gerade gewachsen", wie sie es damals unserem brummigen Besitzermann vorausgesagt hatte. Durch das regelmäßige und abwechslungsreiche Training hatte ich ordentlich Muskulatur aufgebaut. Ich sah längst nicht mehr aus wie ein „Baby", ich sah aus wie ein richtiger Athlet! Mein glänzendes Fell und mein herrlich dichter Schweif rundeten das Bild ab. Kurz gesagt, ich war ein toller Typ! Die Stuten machten ganz schöne Stielaugen, wenn ich an ihnen vorbei stolzierte. Und auch von den Menschen bekam ich immer wieder bewundernde Blicke. Ihr könnt euch sicher vorstellen, dass ich entsetzt war, als Sonja nun anfing, meine seidige Mähne zu kleinen Zöpfchen zusammen zu flechten! Was soll das? Bin ich „Pipi Langstrumpf" oder was? Was sollen denn die Stuten von mir denken? Die lachen mich ja aus! Kein Pferd wird mich mehr ernst nehmen! Ich bin Geronimo, - der Herr über das gefährliche Knistermonster! Wie kannst du es wagen, mir eine solche Mädchenfrisur zu verpassen? Sonja hörte mich nicht. Sie machte unbeirrt weiter. Zum ersten Mal zweifelte ich ernsthaft an ihrem Verstand! Ich begann zu zappeln, schüttelte den Hals, versuchte diese affigen Zöpfchen wieder los zu werden. „Was machst du denn für einen Blödsinn? Du musst doch für deinen großen Auftritt schön sein!", ermahnte mich Sonja. *Wie bitte???* *Du* flechtest mir Zöpfchen und sagst *ich* mache Blödsinn? *Schön*? Albern war das, sonst gar nichts! Ich traute meinen Ohren nicht! Dass ausgerechnet unsere vernünftige Sonja nun plötzlich solchen Unsinn redete! Aber … Was hatte sie noch gesagt? *Für meinen großen Auftritt*? Ich hatte einen Auftritt??? Was auch immer das sein mochte, das ging doch unmöglich mit *dieser* Frisur!

Doch es war schon zu spät – während ich mich noch darüber empörte, war Sonja schon damit fertig. Sie hatte Routine darin. Zu meiner Verwunderung lachte aber keines der anderen Springpferde, als ich mit den Zöpfchen und den hohen Transportgamaschen an ihnen vorbei stiefelte. Sie schienen es ganz normal zu finden. Transportgamaschen sehen übrigens so ähnlich aus wie Stiefel mit Knieschonern und schützen unsere Beine vor Verletzungen beim Transport. Das mag sinnvoll sein, sieht aber ziemlich albern aus.

Nun denn – ich war sehr neugierig, wo wir hinfahren würden, als ich in den Anhänger stieg. Und ich machte große Augen, als ich nach der Fahrt wieder ausstieg. Wir waren auf einer riesigen Wiese angekommen, auf der unzählige Pferde-Anhänger und Pferde-LKW parkten. Überall waren blank polierte Pferde. Zu meiner Erleichterung trugen fast alle solche albernen Zöpfchen wie ich. Reiter mit weißen Reithosen, schwarzen Sakkos und auf Hochglanz polierten Reitstiefeln liefen hektisch hin und her. Überall herrschte geschäftiges Treiben zwischen den Pferdetransportern. Da wurden Pferde gesattelt, schnell noch mal mit einem Handtuch überpoliert, Zöpfchen gerade gerichtet. Manche Reiter und Pferde waren sehr nervös, andere wiederum, nahmen den ganzen Trubel hier ganz gelassen hin. Sonja und meine Besitzerin gehörten zur Sorte der Gelassenen. Nun, ich wusste zunächst nicht so recht, was ich davon halten sollte. Ich fand es sehr spannend, aber Angst machte es mir natürlich nicht. Schließlich hatte ich bereits im zarten Alter von zwanzig Tagen das gefährliche … – na ja, ihr kennt die Geschichte ja schon.

Ich sah mich also interessiert um und bemerkte kaum, dass auch ich inzwischen gesattelt wurde. Meine Besitzerin stieg auf meinen Rücken und wir marschierten zu einem großen Sandplatz. Da war was los! Pferde über Pferde tummelten sich auf diesem Platz. *So* viele Pferde hatte ich noch nie auf einem Reitplatz gesehen. Unglaublich! Auf solch einem „Abreiteplatz“, werden die Pferde vor ihrem großen Auftritt aufgewärmt und locker geritten. Schließlich ist es sehr wichtig, unsere Muskeln ganz langsam aufzuwärmen, bevor wir springen. In der Mitte des Platzes standen zwei Hindernisse, über die einige Pferde abwechselnd sprangen, wobei ihre Pferdepfleger immer die Höhe veränderten. Ich erinnerte mich an die ganzen Geschichten die Mama Cora, Addi und Duc mir erzählt hatten und begriff: Ich war auf einem Turnier! Das hatte Sonja also mit „meinem großen Auftritt“ gemeint. Es war mein erstes Turnier!

Diese Pferde hier hatte ich alle noch nie zuvor gesehen, aber sie schienen alle ungefähr in meinem Alter zu sein. Doch plötzlich ... Da! ... War das nicht? Träumte ich jetzt? Der große Braune da vorne ... Das war doch ... Ja das war doch ... Picasso! Ich konnte es kaum glauben! Genau so plötzlich, wie er damals verschwunden war, traf ich ihn jetzt *hier* wieder! Die Freude war riesig! Zum Glück hatten wir noch Zeit und unsere Besitzer ritten im Schritt nebeneinander her. Das gab uns Gelegenheit, ein wenig miteinander zu plaudern. Unsere Besitzer plauderten auch miteinander. Für Picasso war es schon das dritte Turnier. Altklug erklärte er mir, wie das alles lief. Er war eben immer noch ein kleiner Angeber, aber jetzt war ich ganz froh darüber.

Die Menschen nennen es „Springpferdeprüfung“, und es ist ein Wettbewerb extra für junge Pferde. Es geht dabei noch nicht so sehr um die Höhe und Zeit, wie bei den Springen die Addi und Duc machen, sondern mehr darum, dass die jungen Pferde in schöner „Springmanier“ den Parcours absolvieren. Ich weiß, das sind alles komische Wörter - darum will ich es vereinfacht erklären: Man muss vertrauensvoll und ohne zu zögern den Hilfen seines Reiters folgen, willig und freudig springen, und dabei mit dem Reiter zusammen ein möglichst harmonisches und elegantes Bild abgeben. Na, das war doch genau das Richtige für mich! Schon weil ich so schön war, gab ich ja ein elegantes Bild ab. Und da meine Reiterin mir immer sehr klare und einfühlsame Anweisungen gab, waren wir sowieso ein sehr harmonisches Paar. Ich bewegte mich von Natur aus sehr elegant, konnte sehr schön galoppieren, und sprang locker und vertrauensvoll über alles, was mir im Weg stand. Und bei alledem achtete ich auch immer sehr gut darauf, die Hindernisstangen nicht zu berühren. Nicht, dass ich Angst vor ihnen gehabt hätte, aber ihr wisst schon – sicher ist sicher! Ja, diese Springpferdeprüfung schien wie für mich gemacht zu sein! Denen würde ich jetzt mal zeigen, was ein Springpferd war! Wir begannen mit dem Aufwärmen. Trab, Galopp, zwischendurch ein paar leichte Dressurübungen und dann ein paar Sprünge. Zuerst ganz kleine Hopser, dann ganz langsam etwas höhere Hürden. Zwischendurch hörte ich immer wieder eine Stimme durch den großen Lautsprecher, und dann verließ immer eines der Pferde den „Abreiteplatz“. Sonja schien etwas nervös zu werden. „Gleich seid ihr dran“, sagte sie zu meiner Besitzerin. Perfekt! Genau richtig, für meinen Geschmack. Ich war aufgewärmt, aber noch kein bisschen müde und strotzte vor

Tatendrang. Ich war bereit *alles* zu geben! Dann gingen wir in den Parcours. Jetzt war ich mit meiner Reiterin ganz alleine, kein anderes Pferd war auf dem großen Platz. Nur die Hindernisse, meine Besitzerin und ich. Rings herum standen jede Menge Leute und auf einer Tribüne saßen Menschen in mehreren Reihen. Alle sahen uns erwartungsvoll an. Puh, in diesem Moment wurde mir dann doch etwas mulmig. Egal, nur nichts anmerken lassen! Schließlich war ich der große Geronimo und hatte schon im zarten Alter von zwanzig Tagen … ihr wisst schon.

Die Stimme aus dem Lautsprecher ertönte: „In der Bahn die Startnummer 121, Geronimo geritten von …“ Ich hörte nicht weiter zu. Ich hatte jetzt wichtigere Dinge zu tun, als einer blechern klingenden Lautsprecherstimme zu lauschen. Es war mein großer Auftritt! Dort standen Hindernisse, die elegant überwunden werden wollten. Na, dann mal los!

Sicher ahnt ihr es schon, ich meisterte diesen großen Auftritt mit Bravour! Kaum hatte ich die letzte Hürde genommen, ertönte ein schallender Applaus aus dem Publikum. Huch, das hatte ich noch nie gehört! Ich muss zugeben, es überraschte mich in dem Moment so sehr, dass ich kurz erschrak, und einen kleinen Bocksprung machte. Zum Glück saß meine Besitzerin fest im Sattel. Sie lachte nur darüber und lobte mich ausgiebig, weil ich so toll gesprungen war. Am Ausgang wartete Sonja schon auf uns. Sie strahlte über das ganze Gesicht und hatte Freudentränen in den Augen. Aber was noch viel wichtiger war - sie hatte auch Leckerlis in der Hand und beeilte sich, mir jede Menge davon zuzustecken. Na, das hatte sich doch gelohnt!

Gleich nach dem Auftritt wurde ich wieder abgesattelt. Sonja führte mich noch ein wenig im Schritt umher und ließ mich dann auf der Wiese zwischen den Anhängern am Halfter grasen. Dabei konnte ich sehen, dass viele der Pferde gleich nach der Arbeit wieder in ihren Anhänger oder LKW gebracht wurden, ohne Grasen zu dürfen. Manche Reiter schimpften fürchterlich mit ihren Pferden, und einige Pferde wollten nicht wieder in ihre Anhänger. Sie hatten vorher scheinbar nicht genug geübt. Ich genoss mein Gras und ließ mir die Sonne auf den Pelz scheinen. „Wir müssen uns für die Platzierung fertigmachen!“, rief meine Besitzerin plötzlich. So wurde ich wieder gesattelt und wir ritten noch einmal auf den großen Springplatz. Dieses Mal waren aber noch mehrere Pferde dort. Picasso war auch dabei. Wir stellten uns in einer Reihe auf. Leider blieb nicht viel Zeit für ein Schwätzchen mit Picasso, denn mein Name wurde zuerst aufgerufen. Meine Besitzerin ritt mich ein Stück vor und hielt wieder an. Ein Mann mit einem lustigen Hut auf dem Kopf steckte mir eine goldene Schleife an, und schüttelte meiner Besitzerin eifrig die Hand. Die Zuschauer applaudierten, aber dieses Mal erschrak ich nicht. Einer nach dem Anderen wurde aufgerufen und alle bekamen Schleifen angesteckt, aber jede in einer anderen Farbe. Picasso wurde an dritter Stelle aufgerufen, und bekam eine weiße Schleife. Als dann jeder seine Schleife hatte, ertönte Musik und wir durften alle zusammen noch eine Runde an den Zuschauern vorbei galoppieren. Das war vielleicht ein Spaß! Unter dem tosenden Beifall der Zuschauer machten einige von uns ein paar übermütige Bocksprünge, und eine Reiterin fiel fast aus dem Sattel. Auch ich konnte nicht mehr an mich halten und machte ein paar heftige Bocksprünge! Nach der Ehrenrunde über den großen Platz war dieses lustige Spektakel, welches man „Siegerehrung“ nannte, aber auch schon beendet. Schade.

Jedenfalls hatte ich mein erstes Turnier glänzend gemeistert und – ich hatte es sogar *gewonnen*! Ich konnte es kaum erwarten, meinen Boxennachbarn davon zu berichten. Na, die würden Augen machen! Mein erstes Turnier, und ich hatte es gewonnen! Zu Hause angekommen flocht Sonja mir die albernen Zöpfe zum Glück sofort wieder aus. Und stellt euch vor – jetzt hatte ich auch diese scheußlichen Locken in der Mähne wie Addi und Duc, wenn sie vom Turnier Heim kamen. Wie peinlich! Zum Glück glätteten sich die Locken aber nach einigen Stunden wieder, und ich sah endlich wieder aus wie ein *richtiges* Pferd! Ja, an diesem Tag war ich es, der den beiden viele Neuigkeiten zu berichten hatte. Besonders froh war ich, Picasso wieder getroffen zu haben. Ich war sehr glücklich und erleichtert nun zu wissen, dass es ihm gut ging. Ob ich Fidel auch irgendwann auf einem Turnier treffen würde? Ich wünschte es mir so sehr, aber ich zweifelte auch daran. Das Springen war eben nicht Fidels Welt. Was also, sollte er auf einem Springturnier? Vielleicht konnte ich mir Hoffnungen machen, meine anderen drei Jungendfreunde irgendwann zu treffen. Aber Fidel? Das war leider sehr, sehr unwahrscheinlich.

Addi und Duc erzählten mir an diesem Abend noch, dass es nicht ungewöhnlich ist, auf Turnieren immer wieder Bekannte zu treffen. Sie kannten inzwischen fast alle Pferde, die sich auf den Turnieren tummeln, denn sie waren ja auch schon richtige Profis. Ich wurde zuversichtlich, irgendwann würde ich sicher alle meine Freunde wieder sehen. Ich dachte daran, wie mein kleiner Freund Fidel mich jetzt wohl für meine Leistung bewundern würde. Ach, wenn er *das* heute gesehen hätte …

Wer soll da noch durchblicken?

So verging der Sommer, und ich sammelte bei den Springpferdeprüfungen Schleifen über Schleifen ein. Wie ich bereits sagte, diese Prüfungen waren wie für mich gemacht. Es waren nicht immer goldene Schleifen, aber bei fast jedem Turnier bekam ich eine Schleife angesteckt. Die Farbe der Schleife war mir ehrlich gesagt egal, mir ging es mehr um den Spaß bei der Ehrenrunde. Für die Menschen schien die Farbe eine größere Bedeutung zu haben. Wir fuhren aber nicht jedes Wochenende zum Turnier. Ich sollte zwar Erfahrung sammeln, aber auch nicht die Lust daran verlieren. So blieb es jedes Turnier etwas Besonderes für mich, und im Laufe der Zeit traf ich auch meine anderen Jugendfreunde wieder. Ich machte auch viele neue Bekanntschaften auf den Turnieren, und einige hatten nicht so viel Glück mit ihren Besitzern. Manche erzählten wirklich fellsträubende Geschichten. Zum Beispiel erzählte mir einer, er dürfe niemals auf die Wiese, weil seine Besitzerin das für gefährlich hielt. Aber *das* konnte ich mir beim besten Willen nicht vorstellen. Okay, zugegeben - die Menschen hatten ja manchmal verrückte Ideen, aber *so etwas* traute ich doch keinem Zweibeiner zu. Ich hielt ihn für einen Lügner. Die wildesten Geschichten bekam ich da zu hören, und nach einiger Zeit kannte ich fast alle Pferde, die in meiner Altersklasse starteten. Nur einen konnte ich auf keinem Turnier finden – meinen kleinen Freund Fidel.

Mein Springtraining wurde nach und nach immer etwas schwieriger. Die Hindernisse wurden langsam immer etwas höher, und ab und zu passierte es, dass ich die Stangen ganz leicht mit dem Huf streifte. Ich kann nicht sagen, dass ich mir dabei wehgetan hätte, meine Beine waren ja immer durch Gamaschen oder Bandagen geschützt, und die Stangen fielen sofort auf den Boden, wenn ich sie nur leicht berührte. Aber es gefiel mir trotzdem nicht. Ich *wollte* einfach keine Fehler machen! Schließlich war ich ein Kämpfer und wollte meine Sache immer perfekt machen. Wenn ich versehentlich mal eine Stange abwarf, dann machte Sonja den Sprung sofort wieder kleiner, damit ich ihn locker bewältigen konnte. Dann diskutierten Sonja und meine Besitzerin oft, und sie schienen etwas besorgt zu sein. Ich verstand das nicht, schließlich war ich doch auf den Turnieren sehr erfolgreich!

Eines Tages hielten die komischen zweibeinigen Wesen dann eine regelrechte Krisensitzung ab. Der Besitzermann und der Reitlehrer waren auch dabei. Sie standen nach dem Training alle zusammen auf der Stallgasse und redeten sehr lange miteinander. Sonja bürstete dabei mein Fell, so wie sie es immer vor und nach dem Reiten machte. Sie redete nicht viel, sie hörte nur zu. „Er ist ein super Pferd für die Springpferdeprüfungen, aber ich fürchte, für den ganz großen Sport wird es bei ihm nicht reichen“, sagte der Reitlehrer. Alle Gesichter wurden sehr ernst. „Ja, ich glaube, wir trennen uns von ihm. Wenn er nicht genug Springvermögen, (so nennt man die Fähigkeit, besonders hoch zu springen) hat, dann wird er hier auf Dauer nicht glücklich“, entgegnete meine Besitzerin. Nicht glücklich? Hallo? Ich *war* hier glücklich! Ich war hier sogar sehr glücklich! Was sollte das denn? Konnte ihr nicht mal einer sagen, wie glücklich ich hier war?

Nun, ich wusste ja bereits, dass die Menschen meine Gedanken nicht hören konnten. Trotzdem hatte ich bis dahin im Großen und Ganzen immer den Eindruck gehabt, dass sie mich doch *irgendwie* verstanden. Aber jetzt? „Er würde auch ein gutes Dressurpferd abgeben, vielleicht liegt ihm das sogar mehr“, hörte ich den Reitlehrer sagen. „Ja, vielleicht wäre er damit glücklicher“, stimmte meine Besitzerin zu. *Hallllooo!* Könnte mir jetzt mal jemand zuhören? Ich *war* doch glücklich hier! *Sehr glücklich!* Wie konnte ich ihnen das denn nur begreiflich machen?

Sonja hatte gar nichts dazu gesagt. Ich überlegte. Wenn ich sie jetzt ganz, ganz fest ansehen würde, vielleicht konnte ich sie hypnotisieren und ihr meine Gedanken übermitteln? Einen Versuch war es Wert, schließlich lag es nicht in meiner Natur, so einfach aufzugeben! Ich sah sie also mit großen Augen und festem Blick an. „Sieh mich nicht so an Dicker, das macht mich nur noch trauriger“, seufzte sie. Und jetzt hatte sie wieder traurige Tränen in den Augen. In diesem Moment wusste ich, dass sich bald irgendetwas verändern würde. Aber ich ahnte noch nicht, was ich noch alles erleben sollte …

Die Dinge gingen ihren gewohnten Lauf, und fast hatte ich diese denkwürdige Krisensitzung schon vergessen. Meine Ausbildung wurde fortgesetzt, allerdings wurde das Springtraining wieder leichter und auch weniger, das Dressurtraining dafür mehr. Ich dachte mir nichts dabei, denn das Training war ja immer schon sehr abwechslungsreich gewesen. Skeptisch wurde ich erst, als eines Tages wieder eine fremde Frau in unseren Stall kam, mich begutachtete und sich ausgiebig mit Sonja über mich unterhielt. Ich erinnerte mich sofort an die letzte fremde Frau, Anke. Genau so hatte es mit ihr damals angefangen. Und eines Tages hatte sie Zwerg Fidel dann einfach mitgenommen …

Diese Fremde hier hieß Heike, und sie steckte mir unzählige Leckerlis zu, während sie mit Sonja redete. Das machte sie zunächst sehr sympathisch, denn Sonja gab uns immer nur Leckerlis, wenn wir etwas Neues lernten, oder etwas besonders gut gemacht hatten. Na ja, diese Heike scheint gar nicht so übel zu sein, dachte ich mir. Auch als sie dann auf mir ritt, machte sie einen guten Eindruck. Sie gab mir klare und leicht verständliche Anweisungen (Hilfen) und saß sehr geschmeidig in meinem Sattel. Ganz so, wie ich es von Sonja und meiner Besitzerin gewöhnt war. Auch Heike schien sehr zufrieden mit mir zu sein. Ich zeigte ihr alles, was ich gelernt hatte, nur Springen wollte sie nicht mit mir. „Der ist wirklich sehr solide ausgebildet, für ein Springpferd“, sagte sie, als sie abstieg. Was sollte das nun wieder heißen? Da sollte noch einer durchblicken, was diese Menschen immer für komisches Zeug reden! Schon wieder bekam ich Leckerlis zugesteckt.

In den nächsten Tagen kam sie jeden Tag, um mich zu reiten. Sie stand dabei immer unter Sonjas kritischer Beobachtung, aber Sonja schien damit einverstanden, wie Heike mich ritt. Nun waren auch immer häufiger meine Besitzer dabei und Heike redete viel mit ihnen. Es ging um mich, um meine Eltern um Geld und sonstige Dinge, die uns Pferde nicht interessieren. Ich kümmerte mich mehr um Heikes Leckerlis. Dann brachte Heike auch noch ihren Reitlehrer und einen fremden Tierarzt mit. Zuerst begutachtete mich der Reitlehrer ganz genau, danach untersuchte mich der fremde Tierarzt sehr gründlich. Was sollte das denn nun schon wieder? Ich wurde doch immer regelmäßig von unserem Tierarzt untersucht! Sogar ein Pferdezahnarzt überprüfte regelmäßig mein Gebiss. Bisher war bei mir immer alles in Ordnung, warum also jetzt auch noch ein fremder Tierarzt? Und was bedeutete dieses Wort „Ankaufsuntersuchung“, das ich jetzt zum ersten Mal hörte? Ich verstand überhaupt nichts mehr!

„Alles in Ordnung!“, bestätigte der fremde Tierarzt nach eingehender Untersuchung. Hab ich doch gleich gesagt, aber auf mich hört ja wieder keiner! Heike schien erleichtert. Dann gab sie meinen Besitzern einen ganzen Packen Geld, (das scheint übrigens für die Menschen etwas sehr Wichtiges zu sein), und Sonja zog mir die Transportgamaschen an. Hui, ein Turnier mitten in der Woche? Ich wunderte mich nur, weil Sonja mir gar keine Zöpfe geflochten hatte. Sie führte mich hinaus, wo der Pferde-Anhänger schon bereit stand. Aber Moment Mal! – Das war doch gar nicht unser Anhänger! Ich stutzte kurz, folgte Sonja aber dann doch hinein. Jetzt erst bemerkte ich, dass sie weinte. „Mach es gut mein Junge!“, presste sie mit tränenerstickter Stimme hervor. Sie klopfte traurig meinen Hals und kletterte dann schnell aus dem Anhänger. Ich glaube, sie wollte nicht, dass ich bemerkte, wie traurig sie war. Aber sie konnte mir nichts vormachen. Ich kannte sie viel zu gut …

Neue Ställe, neue Sitten

Tja Freunde, ihr habt es sicher schon erraten, – ich war verkauft worden. Heike war jetzt meine neue Besitzerin, und ich sollte jetzt ein *Dressurpferd* werden. Aber ich hatte nicht nur eine neue Besitzerin, ich war jetzt auch in einem anderen Stall untergebracht. Die Stallungen waren *ganz* anders, als ich es gewohnt war. Die Boxen waren hier viel kleiner und hatten keine Fenster. Die Gitter an den Türen waren so hoch, dass man nicht die Köpfe darüber stecken konnte. Wohin man auch sah, – überall nur Gitter und Wände! Es war viel dunkler hier, als in meinem Heimatstall, und selbst die Luft roch hier nicht so frisch, wie ich es bisher gewohnt war. Ehrlich gesagt, es gefiel mir *gar nicht*! Kaum hatte mich meine neue Besitzerin Heike in meine neue Box gebracht, versammelte sich eine ganze Menschentraube auf der Stallgasse, um mich anzusehen. Jeder hatte irgendeinen schlauen Kommentar über mich abzugeben.

Ich sah mich überall um, (soweit das durch die blöden Gitter möglich war), aber Sonja war nicht mitgekommen. Keine Freunde, keine Sonja, nur fremde Menschen, fremde Pferde und Gitterstäbe, Gitterstäbe, Gitterstäbe! Alles, was ich bisher gehabt hatte, war für mich immer selbstverständlich gewesen. Ich kannte es ja nicht anders. Bisher hatte ich immer gedacht, alle Pferdeställe auf dieser Welt sähen ungefähr gleich aus, eben so, wie mein Heimatstall. Und wenn mir andere Pferde auf den Turnieren von ihren Ställen berichtet hatten, konnte ich mir nie so recht vorstellen, was sie eigentlich meinten. Jetzt wusste ich es! In meinem Heimatstall hatte ich mich immer wohlgefühlt. Egal ob damals in der Riesenbox mit meiner Mutter, im

Offenstall mit meinen Jugendfreunden, oder in unserem Turnierstall – es war immer alles unseren Bedürfnissen angepasst und ich fühlte mich in jeder Abteilung rundum wohl. Erst jetzt wusste ich das alles zu schätzen, und wäre am liebsten im gestreckten Galopp zurückgerannt. Ich bezweifelte, dass ich mich hier jemals wohlfühlen könnte.

Nachdem jedes der Menschenwesen seinen Kommentar über mich abgegeben hatte, sagte einer von ihnen: „So, darauf müssen wir jetzt erst mal einen trinken!“, und alle verschwanden. Ich sah mich weiter um. Die meisten Pferde in den anderen Boxen sahen recht mürrisch und schlecht gelaunt aus, was mich unter diesen Umständen nicht wunderte. Nur schräg gegenüber standen zwei Pferde, die sehr zufrieden und glücklich wirkten. Das machte mir wieder etwas Hoffnung. Vielleicht waren ja die Wiesen hier besonders schön? Irgendeinen Vorteil musste dieser unfreundliche Stall doch haben! Apropos Wiese - vor lauter Tierarzt und Reitlehrer hatte ich doch glatt heute Morgen meinen Weidegang verpasst!

„Wann werden wir denn auf die Wiese gebracht?“, fragte ich freundlich bei meinem Boxennachbarn an. „Es ist November!“, brummte er unfreundlich zurück, ohne seinen starren Blick von der Wand abzuwenden. Hä? Was war *das* denn für ein komischer Kauz? „Nein, nein, du hast mich nicht verstanden. Ich wollte nicht wissen, welcher Monat ist, ich wollte wissen, wann wir auf die Wiese gebracht werden!“, erklärte ich noch einmal. „Im Mai!“, lautete die knappe Antwort. Er starrte noch immer die Wand an. Der ist wohl nicht ganz bei Trost, dachte ich mir, und wandte mich dem Nachbarn auf der anderen Seite zu. „Bist wohl bisher ziemlich verwöhnt worden was?", fragte dieser, bevor ich etwas sagen konnte. „Hier sind die Wiesen von Oktober bis Mai zu. Das heißt, kein Pferd darf in dieser Zeit auf die Wiese. Ist in vielen Reitställen so. Und wenn es dann endlich Mai ist, dann sind die Wiesen so hochgewachsen, dass wir uns erst langsam wieder an das Gras gewöhnen müssen. Darum dürfen wir dann erst mal nur eine halbe Stunde raus", klärte er mich auf. Nein! Das konnte doch nicht wahr sein! Das *musste* ein Scherz sein! Und zwar einer der allerübelsten Sorte! „Aber das macht doch keinen Sinn!", empörte ich mich. „Das sind ja …" Ich zählte kurz nach, „*sieben* Monate! Wie bitteschön, soll man sich denn ohne Wiese austoben?", fragte ich. „Nun, wenn du viel Glück hast, kannst du bei schönem Wetter auf den Paddock. Aber dieser Luxus ist nur wenigen Pferden hier vorbehalten. Vielleicht lässt deine Besitzerin dich auch mal in der Reithalle laufen. Und wenn du *ganz viel* Glück hast, mietet sie dir von dem Bauern nebenan eine Wiese. Aber das ist sehr unwahrscheinlich!", erklärte er weiter. „Was bitte ist ein Paddock? Und wovon hängt es ab, ob ich da drauf darf?", fragte ich verwirrt nach. „Ein Paddock ist ein eingezäunter Sandplatz. Und wenn deine Besitzerin dem Stallbesitzer Geld gibt, bringt er dich bei schönem Wetter dort hin. Wenn sie ihm kein Geld gibt, bleibst du im Stall. Und wenn du so viel Glück hast wie die beiden da drüben", er machte eine Kopfbewegung in Richtung der beiden glücklich wirkenden Pferde schräg gegenüber, „dann mietet sie dir bei dem Bauern nebenan eine Wiese, macht einen ordentlichen Zaun drum und bringt dich jeden Tag selbst hin. Aber das ist hier eher die Ausnahme."

Ich dachte nach. Sicher würde Heike dem Stallbesitzer Geld geben, schließlich hatte sie doch einen dicken Packen Geld für mich bezahlt. Und sie gab mir doch auch so viele Leckerlis! Wahrscheinlich würde sie mir sogar eine Wiese mieten, hoffte ich. Ja, ganz bestimmt sogar. Heike würde mich nicht sieben Monate hier in diesem ungemütlichen Käfig lassen. Meine Gedanken wurden durch das Rappeln der Futterkarre unterbrochen. In dieser Nacht dachte ich noch viel über meine Heimat nach. Ich dachte an meine Freunde und an Sonja. Aber ich machte mir nicht mehr ganz so viele Sorgen wie früher. Damals, als Picasso und meine anderen drei Jugendfreunde so plötzlich verschwunden waren, hatte ich Angst gehabt, sie niemals wieder zu sehen. Und doch hatte ich sie alle nach und nach auf den Turnieren wieder gesehen. Ich hoffte einfach, dass ich auch Fidel, Addi, Duc und Sonja irgendwann einmal wieder sehen würde, und wollte versuchen, hier erst einmal neue Freunde zu finden. Ich wollte das Beste daraus machen. Und ich war sicher, dass Heike mir eine Wiese mieten würde. Oder wenigstens einen Paddock.

In diesem neuen Stall schien wirklich alles anders zu sein. Es gab hier keine Pferdepflegerin, die den ganzen Tag da war und für alle Pferde sorgte. Und anders, als ich es bisher kannte, hatte hier jedes einzelne Pferd einen anderen Besitzer. Der Stallbesitzer war für das Füttern aller Pferde zuständig und brachte bei schönem Wetter einige der Pferde auf die Paddocks. Geputzt und geritten wurde jedes Pferd dann von seinem eigenen Besitzer. Bei der ersten Reitsunde, die ich mit meiner neuen Besitzerin absolvierte, waren wieder fast alle Leute versammelt. Alle sahen mit kritischem Blick zu, und jeder hatte wieder etwas über mich zu sagen. Es wird euch sicher nicht wundern – alle Leute waren sehr begeistert von mir. Alle bewunderten meine schwungvollen Bewegungen und meine ausdruckvolle Erscheinung. Auch Heike und der Reitlehrer waren begeistert. „Wie schön der mitarbeitet!“ schwärmte er. „Das wird mal ein ganz, ganz Guter!“ *Wie bitte?* Was heißt denn hier *wird*? Hey, ich war doch schon ein ganz, ganz Guter! Um nicht zu sagen, *der Beste*!

Natürlich wollte ich meine Sache auch gut machen. Schließlich war ich ja froh, wenigstens für eine Stunde aus dieser langweiligen kleinen Box heraus zu kommen. Die Dressurarbeit hatte ich auch schon mit Sonja immer gerne gemocht und mich dabei sehr geschickt angestellt, wie Sonja stets geschwärmt hatte. Und außerdem dachte ich, wenn ich ganz lieb wäre, bekäme ich bald meine Wiese! Ein paar Tage würde ich schon noch aushalten, bis es soweit war. Und wenn ich meine Sache als Dressurpferd nur gut genug machte, würde mir Heike sicher eine Wiese mieten. Davon war ich überzeugt. So benahm ich mich in den ersten zwei Wochen bei den täglichen Reitstunden dann auch absolut vorbildlich. Ich arbeitete konzentriert mit, folgte willig Heikes Hilfen und meisterte meinen neuen Job glänzend. Alle Menschen waren sehr zufrieden mit mir, und Heike stopfte mich mit Leckerlis voll. Sie war sehr stolz auf mich, denn der Reitlehrer sagte uns eine große Karriere voraus: „Da hast du wirklich ein ganz, ganz gutes Pferd erwischt, das ist ein richtiges Ausnahmepferd! Ein absoluter Kracher! Mit dem wirst du auf den Turnieren viele Schleifen sammeln“, prophezeite er und fügte hinzu: „Mit *dem* kannst du mal *ganz groß* rauskommen!“ Doch, obwohl er mich so in den höchsten Tönen lobte, ging mir sein Geschwätz irgendwie auf die Nerven. Ich mochte ihn nicht besonders. Heike jedoch strahlte jedes Mal übers ganze Gesicht, wenn er so redete. Ihr schien seine Meinung sehr wichtig zu sein, also störte ich mich nicht weiter an seinem Geschwätz, sondern konzentrierte mich voll und ganz auf meine Arbeit.

Leider waren die Reitstunden und die Fütterungen die einzigen Höhepunkte des Tages. Die restliche Zeit in den kleinen Boxen war unerträglich langweilig. Sehnsüchtig sah ich den anderen Pferden nach, wenn sie auf die Paddocks gebracht wurden. Nicht viele Pferde hatten das Glück auf Paddocks zu dürfen, aber ich beneidete sie. Noch mehr aber beneidete ich die Beiden schräg gegenüber. Jeden Tag kamen ihre Besitzerinnen, brachten sie auf ihre Wiese, putzten sie ausgiebig und ritten, wann immer es das Wetter zuließ, vor und nach der Dressurarbeit noch ein bisschen mit ihnen im Wald oder im Feld spazieren. Sie waren sehr glücklich, und sie hatten wirklich allen Grund dazu. Ihre Besitzerinnen schienen sehr viel von Pferden zu verstehen. Die Beiden waren übrigens sehr erfolgreiche Turnierpferde, die von jedem Turnier mit Schleifen zurück kamen.

Heike war leider anders, als die Besitzerinnen dieser Pferde. Sie wollte nicht, dass ich auf den Paddock kam, weil ich mich dort schmutzig machen würde und sie keine Zeit hätte, mich ewig zu putzen, sagte sie. *„Zeit"* schien für die Menschen etwas sehr Wichtiges zu sein, und meistens hörte man dieses Wort in Verbindung mit dem Wort *„keine"*. Nun, ich hätte ihr sehr gerne etwas Zeit abgegeben, denn für meinen Geschmack hatte ich viel zu viel davon. Und mit dieser Meinung stand ich nicht alleine da. Alle Pferde, die nicht raus durften, langweilten sich hier fürchterlich. Wir dachten uns verschiedene kleine Spielchen aus, um uns die Zeit zu vertreiben. Eine Stute, die drei Boxen weiter stand, „koppte". Dabei zieht das Pferd mit einem rülpsenden Geräusch durch das Maul Luft ein, und schluckt sie herunter. Das macht zwar keinen Sinn, half der Stute aber, mit der Langeweile fertig zu werden. Ihr Besitzer regte sich immer fürchterlich darüber auf, aber leider hatte er scheinbar keine Idee, wie er sie sinnvoll beschäftigen konnte. Ein anderer Wallach schaukelte den ganzen Tag mit Kopf und Hals hin und her, wobei er von einem Vorderbein auf das andere trat. Die Menschen nennen es „Weben“ und regen sich auch darüber schrecklich auf. Dieser Wallach steigerte sich so in die Sache hinein, dass ihm abends oft die Sehnen an den Vorderbeinen schmerzten, vom vielen hin- und her Gewippe. Aber er hörte trotzdem nicht damit auf. Andere Pferde traten wie Furien gegen die Boxenwände, wobei sie sich oft selbst verletzten. Jedes Pferd versuchte auf seine Weise, mit der Langeweile fertig zu werden.

Bis dahin hatte ich mich ja noch nie mit dem Thema „Langeweile“ auseinandersetzen müssen, aber jetzt wollte ich mir auch eine Beschäftigung suchen. Koppen und Weben waren nichts für mich, ich dachte mir etwas anderes aus: Immer, wenn ein Mensch auf der Stallgasse stand, trat ich mit dem Vorderhuf gegen die Boxentür. Peng! Peng! Peng! Es hallte durch den ganzen Stall. Das Lustigste aber daran war, dass man auf diese Weise die Menschen „dressieren“ konnte. Denn immer wenn ich das machte, kamen sie schnell herbei gelaufen. Manche gaben mir Leckerlis, damit ich aufhören sollte, manche Menschen kamen nur angerannt, um mich anzuschreien. Aber keiner ließ es unbeachtet. Wir Pferde schlossen Wetten ab, wie lange es wohl dauern würde, bis sie angerannt kommen, und ob es wohl Leckerlis, oder nur Geschrei gab. „Seht her was ich meiner Heike beigebracht habe!“, rief ich den Stallnachbarn zu, „sie kann schon auf Kommando Leckerlis bringen!“ Dann ballerte ich mit den Hufen gegen die Tür. Als sie dann auch gleich angerannt kam, gab es schallendes Gelächter unter den Pferden. Zum Glück können die Menschen ja nicht hören, wenn wir uns über sie schieflachen. Jedenfalls konnten wir mit solchen Spielchen wenigstens ein bisschen Spaß in den öden Stallalltag bringen. Aber leider war „Leckerlis bringen" das einzige Kunststück, das ich Heike beibringen konnte. Sie schien einfach nichts zu begreifen. Die neue Decke, die sie mir gekauft hatte, rutschte ständig. Heike war das egal. Sie fand die Decke „wunderschön" und „edel", ob sie bequem war, interessierte sie nicht. Diese blöde Decke behinderte mich und scheuerte auf meiner Brust, weil sie ständig schief hing. Bisher hatten mich die Decken nie gestört. Die Decken, die ich kannte, waren leicht und bequem, aber *dieses* Ding war einfach nur lästig. Also beschloss ich, das blöde Ding auszuziehen. Nun, für uns Pferde ist das etwas schwierig, weil wir mit unseren Hufen ja nicht diese Schnallen auffummeln können, so wie ihr Menschen. Also machte ich es auf meine Weise: Ich packte sie mit meinen Zähnen und - „ritsch"! Na also - war ja gar nicht so schwierig! Ich zog noch einmal daran, und die Decke fiel ins Stroh. Hey! – Jetzt hatte ich ja was zum Spielen! Begeistert riss ich das Ding in kleine Stücke und spielte damit, bis ich von einem gellenden Schrei unterbrochen wurde. „Ronny! Die teure Decke!" Es war Heike, und sie fand mein Spiel gar nicht lustig! „Was bist du nur für ein unmögliches Pferd!", fluchte sie. Sie war stinksauer! An diesem Tag gab es *kein einziges* Leckerli von ihr. Und während sie mir meine alte Decke wieder lieblos auf den Rücken warf, fauchte sie mich an: „Für heute habe ich genug von dir! Und morgen hab ich keine Zeit. Jetzt kannst du mal zwei Tage lang über deine Schandtaten nachdenken!" Sie knallte die Boxentür zu und verschwand. Ich verstand die Welt nicht mehr! *Wenn* hier einer Grund hatte, sauer zu sein, dann doch wohl ich! Schließlich hatte *sie* mir doch dieses unbequeme Ding gekauft und nicht darauf geachtet, ob ich mich damit wohlfühlte!

In den folgenden zwei Tagen hatte ich noch mehr Zeit über sie nachzudenken als sonst, Heike kam nämlich nicht. Ich kam keinen einzigen Schritt vor die Tür! Es war mir einfach unbegreiflich - Heike schien wirklich *alles* über das Dressurreiten zu wissen. Oft hatte sie auf der Stallgasse gestanden, und den anderen Reiterinnen und Reitern Ratschläge gegeben. Sie kannte alle Turnieraufgaben auswendig und konnte wirklich *jede* Dressurlektion ganz genau erklären. Als Reiterin gab es ja auch wirklich nichts an ihr zu mäkeln. Aber bei all diesem Wissen schien sie von uns Pferden selbst, erstaunlich wenig zu wissen! Jetzt beneidete ich die Beiden schräg gegenüber noch mehr. Nicht nur, dass sie auf die Wiese durften und neben der Dressurarbeit auch im Gelände geritten wurden, einmal pro Woche fuhren ihre Besitzerinnen auch noch mit ihnen in einen anderen Stall zur „Springgymnastik“. Da durften sie dann Reihen von kleinen Hindernissen springen. Nur so, zum Spaß und als Ausgleichsgymnastik. Nur, damit sie etwas Abwechslung haben sollten und alle Muskeln trainierten. Ach, hätte ich doch nur *einmal* die Chance gehabt mitzufahren – ich wäre auf den Anhänger galoppiert! Heike hielt gar nichts vom Springen. Ihrer Meinung nach waren alle Springreiter „Idioten“, die keine Ahnung hatten. Wie konnte sie nur so verbohrt sein? Sie hatte sich doch noch nie mit dem Springreiten beschäftigt, und eigentlich hatte *sie* keine Ahnung davon. In meinem Heimatstall hatten wir ja schließlich auch eine gesunde Mischung aus Dressur, Springen und Gelände! Und die beiden Pferde von schräg gegenüber waren die erfolgreichsten Dressurpferde im ganzen Stall. Warum begriff denn meine Heike nicht, dass glückliche und abwechslungsreich trainierte Pferde auch ihren Job als Dressurpferd viel besser machen konnten? Es war zum Verzweifeln! Bisher hatte es mich ja nie gestört, dass die Menschen nicht hören konnten, was ich dachte. Irgendwie hatten sie mich ja trotzdem immer einigermaßen verstanden. Aber jetzt? Jetzt ärgerte es mich sehr, dass uns die Menschen nicht hören konnten, denn hätte ich meiner Heike am liebsten Mal so richtig die Meinung gegeigt! Und mich bei Sonja nachträglich bedankt …

Bocksprünge und ihre Folgen

Nachdem ich also zwei volle Tage vergeblich auf Heike gewartet hatte, kam sie dann endlich wieder. „Ich wollte Ronny mal eben in der Halle laufen lassen, bevor ich ihn reite, damit er nicht so knackig ist“, sagte sie zu einer anderen Pferdebesitzerin. *Knackig?* Aber Hallo, Frau Heike! - *Und ob* ich knackig war! Schließlich hatte ich mir zwei volle Tage lang die Beine in den Bauch gestanden und öde die Wand angestarrt! Ich wollte mich bewegen! „Kannst du uns die Halle noch für 10 Minuten freilassen?“, fragte sie die andere Dame, die gerade ihr Pferd sattelte. *Zehn Minuten?* Ich hör wohl nicht recht! Das war ja noch nicht einmal Zeit zum Aufwärmen! Nach dieser ganzen Steherei würde ich *mindestens* zwanzig Minuten Schritt brauchen, bis meine Knochen, Sehnen, Gelenke und Muskeln wieder einigermaßen durchblutet und warm waren!

Heike führte mich in die Halle. Zu meiner Überraschung führte sie mich aber nicht zuerst im Schritt rund, sondern löste gleich am Eingang den Strick von meinem Halfter. Einen Moment blieb ich still stehen. Ich war ganz allein in der großen Halle. Heike schloss die Tür. „Nun lauf schon und tob dich aus!“, ermunterte mich Heike. Austoben? Laufen? Ja! *Danach* war mir jetzt zumute – und wie! Ich schoss los. Mit riesigen Bocksprüngen tobte ich wie ein Irrer durch die Halle. Ich gab Gas, bremste wieder ab, wirbelte herum, schoss wieder los. Was für eine Freude! *Endlich* durfte ich mal machen, was ich wollte! Endlich konnte ich meinem angestauten Bewegungsdrang mal richtig Luft machen! Ich hatte nur zehn Minuten, jetzt musste ich wirklich *alles* raus lassen! „Nicht so wild!“, rief Heike noch. „Olle Spaßbremse!“, dachte ich nur. Jetzt oder nie, das ist meine Gelegenheit! Wer weiß, wann ich das je wieder machen darf! Ich schlug Haken wie ein Kaninchen und bockte wie ein Rodeopferd. Der Sand spritzte im hohen Bogen. An den langen Seiten der Halle gab ich richtig Gas. Ich nahm Anlauf, sprang mit allen Vieren hoch in die Luft, machte einen mächtigen Satz und – autsch! Beim Landen spürte ich einen heftigen Schmerz in meinem linken Vorderbein. Ich humpelte auf Heike zu. „Ja, das hast du jetzt davon!“, sagte sie vorwurfsvoll, fast schadenfroh. Dann fügte sie nur noch vorwurfsvoll hinzu: „Das wird sicher eine *saftige* Tierarztrechnung!“

Nun, ich kannte nur saftiges Gras, von „saftigen Tierarztrechnungen“ hatte ich keine Ahnung! Und bis zu diesem Tag hatte mich *Geld,* (das für die Menschen auch ein sehr wichtiges Wort zu sein scheint), auch nie interessiert. Jetzt aber wünschte ich mir viel, viel Geld zu haben! Ich dachte, wenn ich viel Geld hätte, könnte ich mir vielleicht eine andere Besitzerin kaufen. Eine, wie die beiden netten Damen von schräg gegenüber. Oder eine wie Sonja. Erst später begriff ich, dass sich leider immer nur die Menschen aussuchen können, welches Pferd sie kaufen. Wir Pferde können uns die Besitzer leider nicht aussuchen. Wahrscheinlich würden sonst einige Menschen auch niemals ein Pferd bekommen. Oder sie würden sich mehr bemühen darüber nachzudenken, was sie mit uns Pferden machten.

Doch zurück zu meiner Verletzung: Mein Bein schmerzte, ich konnte kaum darauf auftreten. Ich lahmte. Als der Tierarzt kam, machte er ein besorgtes

Gesicht. Dann packte er sein Röntgengerät aus, und ich musste mich in verschiedenen Positionen ganz ruhig hinstellen. Nachdem er schließlich mit diesem Gerät meine Knochen durchleuchtet hatte, kam Erleichterung auf. „Zum Glück ist nichts gebrochen“, sagte er, „aber er wird einige Tage Schonung brauchen. Drei Tage Boxenruhe, danach langsam wieder im Schritt anfangen!“, lautete seine Anweisung. *Drei Tage Boxenruhe?* Hieß das etwa, ich muss schon wieder in meiner Box bleiben? Ja – genau das hieß es! Drei weitere endlos langweilige Tage vergingen. Heike kam noch nicht einmal, um mich zu putzen oder mir Leckerlis zu bringen. Nur die beiden netten Damen von schräg gegenüber streichelten mir durch die Gitter. „Du armer Kerl!“, sagten sie mitleidig. Ich hatte das Gefühl, sie verstanden mich. Hätte ich dieses Gefühl doch nur auch bei meiner Heike gehabt! Die Welt war so ungerecht! Die beiden Pferde von schräg gegenüber hatten einfach alles. Jeden Tag kamen ihre Besitzerinnen, kümmerten sich liebevoll und lange um sie, boten ihnen ein spannendes Trainingsprogramm und brachten sie sogar auf die Wiese. Und ich? Was hatte ich vom Leben? Okay, Heike stopfte mich mit Leckerlis voll, wenn sie mal da war. Aber darauf hätte ich sehr gerne verzichtet, wenn sie mich einfach mehr wie ein *Pferd* behandelt hätte! Und was auch immer eine *saftige Tierarztrechnung* sein mochte - ich hoffte, Heike würde daraus nun endlich lernen, und mir mehr Bewegung und Beschäftigung verschaffen. Aber ihr Kopf schien einfach voll zu sein mit Turnierregeln und diesem ganzen Kram. Es schien in diesem kleinen Menschenkopf kein Platz mehr zum Nachdenken übrig zu sein. Und anstatt sich vorzunehmen, mich in Zukunft vor dem Austoben erst einmal vernünftig aufzuwärmen, schwor sie sich, mich einfach *nie mehr* frei toben zu lassen. Na toll!

Nach einigen Tagen ließen die Schmerzen in meinem Bein allmählich nach, und wir konnten wieder ganz langsam mit dem Training beginnen. Der Tierarzt hatte angeordnet, dass ich zuerst nur zehn Minuten im Schritt geritten werden sollte, und dann langsam immer ein bisschen länger. Nun, vielleicht war es ja aus medizinischer Sicht notwendig, aber ich muss gestehen, dass es mir sehr, sehr schwer fiel. In mir hatte sich so viel Bewegungsdrang aufgestaut, dass ich mich sehr zusammenreißen musste, um nicht wieder loszubocken. Und von Tag zu Tag fiel es mir ein bisschen schwerer. Ich stand unter Hochspannung! Jedes kleinste Geräusch erschien mir jetzt doppelt so laut und ließ mich zusammenzucken. Ja - ich, der tapfere Geronimo, einst Herr und Meister über das gefährliche Knistermonster war plötzlich zu einem schreckhaften Nervenbündel geworden und zuckte bei jeder Kleinigkeit zusammen.

Nach zehn Tagen Schrittreiten passierte es dann: Als ich draußen auf dem Hof ein Auto auf den knirschenden Kies brausen hörte, explodierte ich! Ich hatte es *wirklich* versucht, aber ich konnte einfach nicht länger an mich halten! Ich bockte los, und vergaß dabei völlig, dass Heike noch auf meinem Rücken saß. Ich vergaß sie wirklich völlig, bis – ja, bis sie krachend neben mir im Hallensand landete! Erst drei Galoppsprünge später bemerkte ich, dass Heike nicht mehr im Sattel saß, und blieb entsetzt stehen. Ich hatte doch bisher noch *nie* einen Reiter verloren! Wie war das möglich? Ich konnte es kaum fassen.

Heike rappelte sich schnell wieder auf. „Der Gaul wird mir noch das Genick brechen!“ fauchte sie, und packte mir grob in den Zügel. Ich wollte *niemandem* irgendetwas brechen! Ich hatte doch keine Ahnung, dass man Reiter so leicht verlieren kann, und konnte meinen Bewegungsdrang einfach nicht länger unterdrücken! Ziemlich ruppig schleifte mich Heike zurück in die Box. Auch an diesem Tag gab es kein einziges Leckerli. Ich verstand es nicht, aber es sollten noch mehr Dinge passieren, die ich nicht verstand.

Nachdem der Tierarzt mein Bein noch einmal kontrolliert hatte, durften wir unser Training langsam wieder steigern. Zwar durfte ich wieder einige Runden traben und auch ein bisschen galoppieren, aber es reichte noch lange nicht, um meine Lust auf Bewegung zu stillen. In mir baute sich langsam wieder diese Spannung auf. Und selbst als ich wieder ganz normal geritten werden durfte, vermisste ich etwas. Ewige Zeiten hatte ich mich nicht mehr austoben dürfen, immer sollte ich nur brav und konzentriert meine Runden drehen. Eine Stunde lang, dann ging es wieder zurück in die Box. Ich bekam schlechte Laune und begann beim Reiten „Zicken" zu machen. Ich tat einfach so, als wüsste ich gar nicht, was Heike von mir wollte, riss unwillig den Kopf hoch, und folgte ihren Hilfen nicht mehr. „Der Bock ist einfach nicht leistungsbereit!", schimpfte der Reitlehrer eines Tages unwirsch. „Am Besten verkaufst du ihn wieder." *Bock?* Hatte dieser geschniegelte Heini mich gerade einen *Bock* genannt? Und überhaupt - was heißt denn hier *nicht leistungsbereit*? Ich *war* leistungsbereit! Und wie ich leistungsbereit war! Viele Menschen scheinen gar nicht zu wissen, dass wir Pferde im Grunde genommen *gerne* für sie arbeiten, schließlich hält es uns fit und ist ein netter Zeitvertreib. Aber in unserer Freizeit wollen wir einfach auch mal *Pferd* sein dürfen! Wir wollen uns auch mal austoben können, im Gras wälzen, oder uns einfach nur die Sonne auf den Pelz scheinen lassen! Eben einfach das tun, wozu wir gerade Lust haben!

Nur die beiden Damen von schräg gegenüber verstanden mich. „Du musst ihm etwas Zeit geben, schließlich ist er noch ein junges Pferd!", redeten sie auf meine Besitzerin ein. *Mehr Zeit geben* ... Hatte Sonja das nicht auch immer gesagt? Ach, wie ich sie vermisste! Heike ließ sich auf keine Diskussion ein. „Nein, ich verkaufe ihn!“, keifte sie entschlossen. Es machte mich nicht traurig, ich nahm es fast erleichtert auf. Mich hielt hier sowieso nichts mehr. Sollte diese Heike-Zicke sich doch ein Fahrrad kaufen! Das wäre für sie wohl eher geeignet, als ein Pferd!

Dann passierte noch einmal etwas sehr Seltsames: Von diesem denkwürdigen Tag an brachte mich der Stallbesitzer plötzlich jeden Tag auf den Paddock! Heike hatte jetzt angeblich *keine Zeit* mehr sich um mich zu kümmern, weil sie auf der Suche nach einem neuen Pferd war. Mir sollte es nur recht sein. Ich hatte mehr davon, jeden Tag zwei Stunden auf den Paddock zu kommen, als von Heike im Schnellverfahren geputzt und geritten zu werden. Okay, es gab kein Gras auf dem Paddock, aber ich konnte frische Luft einatmen und mich bewegen, wie ich wollte. Ich konnte mich mit Sand „einpanieren“ und mit anderen Pferden über den hohen Zaun unterhalten. *Jetzt* wäre ich auch gerne wieder bereit gewesen bei der Dressurarbeit mein Bestes zu geben, aber Heike gab mir keine Chance mehr, das zu beweisen. Sie hatte mich abgeschrieben und war auf der Suche nach einem „besseren“ Pferd. Na dann, viel Glück Heike-Zicke! Ich konnte mich jetzt wenigstens endlich nach Herzenslust austoben und einfach mal „Pferd sein“, auch wenn ich nicht verstand, warum man dafür erst einen Reiter abwerfen musste. Ich hätte es logischer gefunden, für meine gute Dressurarbeit mit ein paar Stunden Paddock belohnt zu werden. Tja, es ist nicht immer leicht für uns Pferde, die Logik der Menschen zu verstehen.

Jenny und die „Wildnis“

Nach ein- oder zwei Wochen - ich weiß es nicht mehr so genau, weil die Zeit auf dem Paddock viel schneller zu vergehen schien - kam Heike aber dann doch wieder. Sie hatte noch andere Leute mitgebracht. Ein Mädchen war mit ihren Eltern gekommen, um mich anzusehen. Das Mädchen hieß Jenny und war mir auf Anhieb sympathisch. Sie putzte mich und achtete darauf, besonders gründlich an den Stellen zu schrubben, wo es mir gefiel. Sonja hatte es auch immer so gemacht. Heike dagegen hatte immer nur schnell da geputzt, wo ich schmutzig war. Jennys Eltern hatten Sorge, ich könnte zu groß für ihre Tochter sein. Jenny war zwar erst dreizehn, aber nur einen Kopf kleiner als Sonja. Ich machte mir keine Sorgen, denn mit Sonja und mir hatte es ja auch immer prima geklappt.

Nachdem ich gesattelt war, gingen wir in die Halle. Da ich jetzt wieder zufrieden und ausgeglichen war, freute ich mich über diese Abwechslung und machte willig alles, was Jenny von mir wollte. Sie konnte noch nicht so gut reiten wie die Reiter, die ich bisher getragen hatte, aber sie gab sich viel Mühe alles richtig zu machen und mich nicht zu stören. Ich wusste das sehr zu schätzen, und versuchte auch alles richtig zu machen. Es war nicht ganz leicht für mich, weil ihre Hilfen nicht ganz so eindeutig waren, wie ich es bisher kannte. Aber ich konzentrierte mich und gab mir die größte Mühe, dennoch alles richtig zu verstehen. Das wiederum, wussten auch Jenny und ihre Eltern zu schätzen. Sie waren begeistert, wie *„braaav“* ich doch war. Nur Heike schien mal wieder beleidigt zu sein, aber ich gab mir keine Mühe mehr zu verstehen, warum. Vielleicht habt ihr es ja schon geahnt: Jenny wurde meine neue Besitzerin. „Gleich in unserer Nachbarschaft ist ein kleiner Westernstall, da werden wir ihn unterstellen“, sagten Jennys Eltern zu Heike. Was um alles in der Welt ist denn nun wieder ein *Westernstall*? Na ja, egal ich werde es schon noch herausfinden, dachte ich mir. Mit Jenny würde ich schon auskommen. Und der Gedanke, diesen Stall hier zu verlassen, machte mich nun wirklich nicht traurig. Ich war neugierig auf den neuen Stall und konnte meinen Umzug kaum erwarten. Jenny wollte ein bisschen Dressur reiten, ausreiten und vielleicht auch ein bisschen springen, hatten Jennys Eltern gesagt. Na, das hörte sich doch gut an!

Als ich dann endlich abgeholt wurde, trabte ich fast in den Anhänger. Meine neuen Besitzer waren begeistert, wie brav ich mich verladen ließ. Bei dieser Gelegenheit erzählten sie Heike noch, dass sie regelmäßig mit mir zum Reitunterricht fahren wollten, weil es in dem Westernstall nur *Westernunterricht* gab, Jenny aber lieber *klassisch* reiten wollte. Diese ganzen Begriffe verwirrten mich, und ich war sehr gespannt darauf herauszufinden, was sie wohl zu bedeuten hatten. Als ich dann endlich wieder aus dem Anhänger klettern durfte, kam mit eiligen Schritten eine Frau auf uns zu. Oder war das ein Mann? Nein, es schien eine Frau zu sein, aber sie hatte dicke dunkle Haare auf der Oberlippe, fast wie ein Männer-Schnurrbart, nur nicht ganz so buschig. „Mal gleich auf den Paddock mit ihm!“, sagte sie in einem bestimmten Ton. Paddock? Na das hörte sich doch gut an! Die Frau mit dem Schnurrbart ging voran und Jenny führte mich hinterher. Wir gingen um den Misthaufen herum und kamen an einem eingezäunten Platz an. Fast bis zu den Sprunggelenken standen hier fünf Pferde im Schlamm und schauten mich neugierig an. Ich traute meinen Augen kaum. *Das* sollte ein Paddock sein? Die Paddocks in dem Dressurstall waren gepflegte Sandplätze. Die Pferdeäpfel wurden, genau wie von den Wiesen in meinem Heimatstall, jeden Tag abgesammelt. Hier aber war alles matschig und stank fürchterlich nach fauligem Mist! Auch Jenny und ihre Eltern schienen skeptisch zu sein. Die Frau mit dem Bart baute sich vor ihnen auf und erklärte mit wichtiger Miene: „Wir legen hier viel Wert auf artgerechte Haltung! Die Pferde stehen bei Wind und Wetter den ganzen Tag draußen. In der Wildnis stehen die Pferde schließlich auch immer draußen!" *ARTGERECHT?* Für Sumpfvögel und Wattwürmer vielleicht, - aber doch nicht für *Pferde*! Wildnis? Die will doch wohl nicht allen Ernstes die *Wildnis* mit diesem widerlich stinkenden 20 x 40 Meter kleinen Matschloch vergleichen! Ungläubig starrte ich sie an. *Wie viele* Verrückte gab es denn eigentlich auf dieser Welt?

Es half nichts, sie schien sich diesen Unsinn tatsächlich selbst zu glauben. Und da es offensichtlich war, dass sie keinen Widerspruch dulden würde, gaben meine neuen Besitzer nach. „Na ja, wir kennen uns ja noch nicht so gut mit Pferden aus", sagte Jennys Vater etwas verlegen, und Jenny führte mich auf diesen ‚Paddock'. „Kein Problem, ich kann dem Mädchen alles beibringen", bot die Bärtige an. Um Himmels willen! Ich war entsetzt von dem Vorschlag und zog es vor erst einmal meine neuen Pferdekollegen zu begrüßen. „Jenny möchte lieber klassischen Reitunterricht nehmen. Wir werden mit dem Anhänger regelmäßig zu ihrer Reitlehrerin fahren", lehnte Jennys Vater eilig ab. Ich atmete erleichtert auf. „Die Klassisch-Reiter haben alle keine Ahnung, das ist alles Tierquälerei!", tönte die Frau mit dem Schnurrbart zurück. Ich hatte genug gehört und wandte mich den Pferden zu. Auch hier hatten die Pferde übrigens seltsame Namen. „Sun Rising Star" hatte fast goldfarbenes Fell. Sein Langhaar, also Mähne und Schweif, waren schwarz. Menschen nennen das „Falbe", ich nannte ihn Sunny. Sunny war - wie alle anderen Pferde hier - ein Westernpferd. Auch er war erst vor kurzer Zeit hier eingezogen, und hatte noch keinen rechten Anschluss an die Herde gefunden. Der ältere schwarz-weiß gescheckte Wallach stand immer mit den drei Stuten zusammen und wollte Sunny nicht an sie heranlassen. So war Sunny froh, dass ich jetzt da war und wir freundeten uns gleich miteinander an. Endlich lernte ich auch, was diese ganzen neuen Begriffe zu bedeuten hatten: Westernpferde werden mit Sätteln geritten, die vorne ein „Horn" haben, an dem die Cowboys früher ihre Lassos befestigt haben. (Das Wort „Lasso" hören richtige Westernreiter übrigens nicht so gerne, sie bevorzugen die Bezeichnung „Rope".) Auch in der Form unterscheiden sich Westernsättel von Dressur- und Springsätteln. Westernreiter tragen zum Reiten ähnliche Kleidung, wie richtige Cowboys. Auch beim Westernreiten gibt es verschiedene Disziplinen und Turnieraufgaben, nur die Regeln sind anders, als ich es bisher kannte. Ich will es jetzt nicht zu kompliziert machen, und für jene unter euch, die das alles schon wissen, nicht zu langweilig werden lassen. Als „Klassisch-" oder auch „Englisch-Reiter" bezeichnet man Reiter, die mit Spring-, Dressur- oder Vielseitigkeitssätteln reiten. Leider hören sich diese „Parteien" oft gegenseitig gar nicht zu und schimpfen übereinander. Manche Westernreiter finden die Englisch-Reiter doof, und umgekehrt. Aber dieses Problem haben wir ja auch schon zwischen den Dressur- und den Springreitern kennengelernt. Was wir Pferde eigentlich davon halten, wollt ihr wissen? Nun, darauf komme ich später noch einmal zurück.

Sunny war schon älter, und er kannte sich ganz genau aus. Sein Besitzer war ein junger Mann namens Mike, der sich viele Gedanken um seinen Sunny machte. Mike hatte seine eigenen Ansichten, war immer bemüht Neues über Pferde hinzuzulernen, und dachte über alles was er tat genau nach. So war es kaum anders zu erwarten - er rasselte ziemlich oft mit der bärtigen Frau aneinander. Sie glaubte einfach alles zu wissen, und ließ keine andere Meinung gelten. Schlimmer noch, sie dachte noch nicht einmal über andere Meinungen und Vorschläge nach. Ein Sprichwort sagt: „Höre nie auf deinen Verstand zu trainieren, denn ein träger Verstand ist des Teufels Werkstatt.“ Die Frau mit dem Schnurrbart schien dieses Sprichwort nicht zu kennen. Leider war sie aber so sehr von sich überzeugt, dass sie dadurch auch andere sehr schnell überzeugen konnte. Meine neuen Besitzer kannten sich noch nicht so gut mit Pferden aus. Sie meinten es gut mit mir und wollten alles richtig machen. Und weil diese Schnurrbart-Frau einen eigenen Stall hatte, dachten sie zunächst, auf sie hören zu müssen. Und so stand ich dann in diesem stinkenden Matschloch – den ganzen lieben langen Tag. In dem letzten Stall war ich ja froh gewesen auf den Paddock zu dürfen, aber hier wurde es mir schnell langweilig. Warum mussten manche Menschen alles so übertreiben? Ich hatte Zeit genug, um mir ihren Vergleich mit der Wildnis noch mal in Ruhe durch den Kopf gehen zu lassen. Natürlich waren Pferde in der Wildnis den ganzen Tag draußen. Sie waren sogar Tag und Nacht draußen. Aber in der Wildnis gab es auch keine Zäune. Da gab es unendliche Weiten, Steppen und Wälder, Berge und windgeschützte Täler, Wälder und Gras. Die Wildnis war so unvorstellbar groß, dass es höchst unwahrscheinlich war, zweimal mit dem Huf auf die gleiche Stelle zu treten. Kein Pferd wäre auf die Idee gekommen, in seinem eigenen Mist herumzutrampeln. In der Wildnis konnte man äppeln, und einfach weiter ziehen. In der Wildnis zogen die Pferde auch den ganzen Tag weiter, weil sie mit der Nahrungssuche beschäftigt waren. Aber hier? Hier wurden wir morgens gefüttert, anschließend mit sechs Pferden auf den 20 x 40 Meter kleinen Matschplatz gejagt, wo wir bis zum späten Abend ausharren mussten. Nein, *das* hatte mit der Wildnis nicht das Geringste zu tun! Wir waren gezwungen von morgens bis abends durch unseren eigenen Mist zu waten, waren Regen, Wind und Sonne schutzlos ausgesetzt. Und – wir langweilten uns fast zu Tode! Manchmal war es so öde, dass wir uns aus lauter Langeweile prügelten. Und den älteren Pferden schmerzten die Gelenke vom stundenlangen Stehen im kalten Schlamm. Jenny merkte schon, dass es mir dort nicht so gut gefiel. Manchmal kam sie gleich nach der Schule um mich zu reiten, aber die bärtige Stallbesitzerin verbot ihr kurzerhand, mich aus diesem Sumpf zu befreien. „Das bringt die Herdenordnung durcheinander!“, behauptete sie frech. Und Jenny wagte es leider nicht, ihr zu widersprechen. Sunnys Besitzer Mike scherte sich weniger darum, was sie sagte. Er holte sein Pferd rein, wann es ihm passte, worauf er meistens in einen heftigen Streit mit der Bärtigen geriet.

Eine bunte Mischung und eine weise Erkenntnis

Nur wenn wir zum Reitunterricht fuhren, durfte Jenny mich früher aus diesem Matsch befreien. Auch das gefiel der Bärtigen nicht sonderlich, aber in diesem Punkt hatten sich Jennys Eltern durchgesetzt. Wir fuhren zweimal pro Woche in einen nahe gelegenen Reitstall. Hier gab es eine ganze Menge Pferde, alles bunt gemischt. Hier standen Westernpferde, Dressurpferde, Springpferde, Freizeitpferde, die einfach nur im Gelände spazieren geritten wurden – einfach alles! Sogar Kutschpferde lebten hier. Und alle Reiter gingen freundlich miteinander um. Aha, es war also doch möglich! Anfangs hatte ich gehofft, meinen kleinen Freund Fidel vielleicht wieder zu sehen, fand ihn aber leider nicht. Trotzdem kam ich sehr gerne hier her. Die Reitlehrerin war sehr, sehr nett und ganz begeistert von mir. (War doch klar, oder?) Auch Jenny machte ihre Sache prima. Sie lernte sehr schnell und wurde bald immer sicherer im Sattel. Manchmal fuhr Mike mit uns, einfach so um zuzuschauen. Er meinte, man könne immer und in jedem Reitstall noch etwas dazu lernen. Leider hatte ich nie viel Zeit mit den anderen Pferden zu plaudern, weil wir nach der Reitstunde immer sofort wieder nach Hause fuhren. Schade, ich hätte mich dort gerne mehr mir den Kollegen unterhalten, denn mir gefiel es dort sehr gut. Der Stall war sehr hell und freundlich, ruhig gelegen und umgeben von vielen großen Wiesen. Ich hätte mir gut vorstellen können hier zu leben, und war jedesmal fast ein bisschen traurig, wenn wir zurück zur Bärtigen fuhren.

Über Jenny konnte ich mich wirklich nicht beklagen. Sie kam jeden Tag, um sich liebevoll um mich zu kümmern. Und wenn die Bärtige es endlich erlaubte, holte Jenny mich aus dem modrigen Matschloch, um mich zu reiten. Manchmal gingen wir auf den kleinen Reitplatz, manchmal ins Gelände. Und ab und zu machten wir mit Sunny und Mike zusammen sogar ein paar Western-Übungen auf dem Reitplatz. Das fand ich besonders spannend, denn es war ja ganz neu für mich. Jenny führte mich dabei durch ein Labyrinth aus Stangen, im Slalom um bunte Hütchen herum, über eine Holzwippe für Pferde und durch Flatterbänder hindurch. Mike war begeistert, wie geschickt ich mich dabei anstellte, und es beeindruckte ihn sehr, dass ich vor keiner neuen Aufgabe jemals Angst hatte. Na ja, er konnte ja nicht wissen, dass ich der große Geronimo war, der bereits im zarten Alter von 20 Tagen das gefährliche … – nun, ihr kennt ja die Geschichte.

Diese Abwechslung bei der Arbeit machte mir viel Spaß, nur das tägliche stundenlange Schlammtreten machte mir zu schaffen. Und es blieb nicht ohne Folgen: Die Haut an meinen Beinen entzündete sich. Man nennt diese Krankheit „Mauke“. Außerdem begannen auch noch, meine Hufe zu faulen. „Bei den Haltungsbedingungen hier ist das kein Wunder“, erklärte der Tierarzt. „Das ist einfach übertrieben und ungesund. Viel frische Luft und Bewegung sind zwar wichtig für ein Pferd, aber nicht auf einem *solchen* Boden.“ Danke, endlich mal jemand der mir aus der Seele sprach! Jenny und ihre Eltern machten ratlose Gesichter und hielten eine Krisensitzung ab. Oh nein! Krisensitzung? Die dachten doch wohl nicht etwa daran, mich wieder zu verkaufen? Gut, auf die Bärtige konnte ich gut und gerne verzichten, aber Jenny wollte ich eigentlich schon sehr gerne als Besitzerin behalten. Wer weiß, bei wem ich sonst wieder landen würde!

Meine Sorge war unbegründet. Sie dachten nicht daran, mich zu verkaufen. Sie beschlossen, dass ich noch einmal umziehen sollte. Der Reitstall, in dem Jenny immer Reitunterricht bekam, war zwar etwas weiter entfernt, aber trotzdem noch mit dem Fahrrad erreichbar. Und Jenny war gerne bereit jeden Tag zu radeln, wenn es mir dort besser ging. Hurra! Ich hatte mir doch schon lange gewünscht, dort zu leben! Ich freute mich schon darauf, die vielen anderen Pferde endlich näher kennenzulernen. Nein, der Verrückten mit dem Bart würde ich keine Träne nachweinen! Nur um Sunny und Mike wäre es Schade, ich mochte die Beiden. Es dauerte nur wenige Tage bis Jenny mein ganzes Putzzeug zusammenpackte. Ich ahnte schon, dass der Umzug bevorstand. Zu meiner großen Überraschung packte auch Mike Sunnys Sachen ein. Sie würden mitkommen!? Tatsächlich fuhr ich an diesem Tag mit Sunny zusammen im Anhänger in den Reitstall, und wir bekamen zwei Boxen nebeneinander. Es waren herrliche Boxen! Sie waren fast so groß, wie die in meinem Heimatstall, und genau so hell und luftig. Aber das Tollste war: Jede Box hatte einen eigenen kleinen Auslauf, der etwa noch mal doppelt so groß war wie die Box. Und die Türen zu diesen Ausläufen waren immer offen, sodass wir den ganzen Tagen rein und raus schlendern konnten, wie wir wollten. Herrlich! Zur Hälfte waren die Ausläufe überdacht, und der Boden war ganz trocken und frei von Mist. Natürlich konnte man sich auf diesen Mini-Paddocks nicht richtig austoben, aber um sich ein wenig die Beine zu vertreten und mit den Nachbarn über den Zaun zu plaudern, waren sie einfach perfekt! Wir waren begeistert! Und das Allerbeste war: Zusätzlich durften wir jeden Tag auch noch mindestens drei Stunden auf die Wiese. Meist sogar länger. Es war einfach traumhaft. Jenny kam wirklich jeden Tag, bei Wind und Wetter angeradelt, um mich zu reiten oder manchmal auch nur zu putzen. *Endlich* hatte ich wieder alles, was sich ein Pferd nur wünschen konnte! Die Pferde hier waren alle sehr glücklich und ich fand schnell viele neue Freunde. Dressur-, Spring- und Westernpferde tummelten sich gemeinsam auf den großen Wiesen und tauschten spannende Geschichten aus. Meine Welt war wieder in Ordnung.

Eines Tages - es war längst wieder Sommer geworden - kam Besuch in unseren Stall. Da Sunny und Mike übers Wochenende zu einem Westernturnier gefahren waren und dieses Pferd nur für eine Nacht bleiben sollte, wurde er in Sunnys Box einquartiert. Nun, ich hatte ja schon viele Pferde gesehen, aber beim Anblick dieses Pferdes erschrak ich ein wenig! Wotan, so hieß der Gast, war ein großer Brauner. Er hatte einen riesigen Kugelbauch, aber seine Rippen und seine Hüftknochen standen weit hervor. Sein Hals war lang und dünn, sein Kopf so groß wie ein Geigenkasten. Das Fell war struppig, glanzlos und ungepflegt. Er sah sehr müde aus und bewegte sich schleppend. Eine ganze Weile sah ich ihn in still an. Er sah sehr übellaunig aus, und ich traute mich kaum, ihn anzusprechen. Schließlich wagte ich es doch: „Geht es dir gut?“, fragte ich besorgt. „Mir tun alle Knochen weh!“, kam die knappe Antwort. „Was ist denn mit dir passiert?“, fragte ich nach. „Ich habe einen sehr weiten Weg hinter mir, ich bin ein Wanderreitpferd“, sagte er. Was bitte war denn jetzt schon wieder ein *Wanderreitpferd*? Er beantwortete meine Frage, ohne dass ich sie ausgesprochen hatte. „Wanderreitpferde tragen Sättel, die für den Reiter sehr bequem sind und Packtaschen haben. Sie machen sehr, sehr lange Ausritte mit ihren Reitern. Meist den ganzen Tag, oft auch mehrere Tage hintereinander.“

Ich überlegte. Ausritte mochte ich sehr gern. Mir hätte es nichts ausgemacht, wenn Jenny einen ganzen Tag mit mir ausgeritten wäre. Eigentlich klang das doch nach einem interessanten und schönen Job. Wie kam es dann, dass dieses arme Pferd so geschunden aussah und so endlos traurig wirkte? Ich fragte nach: „Wanderreitpferd klingt für mich nach einem sehr spannenden Job. Warum siehst du dann so furchtbar traurig aus?“ „Nun, es *kann* auch ein sehr schöner Job sein“, antwortete Wotan, „vorausgesetzt, man hat den richtigen Besitzer. Ich habe leider einen Besitzer, der wenig darüber nachdenkt, was er tut. Oft kommt er wochenlang gar nicht, und wenn es ihm dann gerade einfällt, wuchtet er mir den Sattel auf den Rücken, packt die Packtaschen voller Bierdosen. Dann lässt sich hart in meinen Sattel plumpsen und reitet los. Meine Muskeln sind nicht trainiert für so lange Ritte, die Knochen müssen die Last ganz alleine tragen. Er putzt mich nie, so scheuert mich der Dreck unter meinem Sattel oft blutig. Und wenn ich nach acht Stunden Wanderritt endlich Feierabend habe, schmerzen mir alle Muskeln, Sehnen und Knochen“, erklärte er.

Ich dachte an meinen Freund Fidel. Sollte er etwa auch so ein schreckliches Schicksal erfahren haben? Bei dem Gedanken wurde mir übel. „Nein, nein – nicht alle Wanderreitpferde haben so ein schlechtes Leben“, unterbrach Wotan meine düsteren Gedanken. „Für viele von uns ist es ein wahrer Traumjob. Sie werden regelmäßig trainiert und gut gepflegt. So können die Wanderritte mühelos bewältigen und haben viel Spaß dabei."

Endlich begriff ich! Es war vollkommen egal, welchen Job man zugeteilt bekam. Es kam einzig und allein darauf an, bei welchen Menschen man landete! Ob sie *Pferdeverstand* oder nur *Stroh* im Kopf hatten. Ob sie ihren Kopf zum *Denken* benutzten, oder nur als Hutablage! Wir Pferde können es uns ja nicht aussuchen, ob wir in der Wildnis oder in einem Stall leben wollen, es gibt ja keine richtige Wildnis mehr! Und ehrlich gesagt haben wir im Laufe der Jahre ja auch die Annehmlichkeiten des Stalllebens zu schätzen gelernt. Regelmäßige Fütterungen, keine Raubtiere, die einen fressen wollen, schnelle Hilfe, wenn man krank ist, und, und, und … Das hat ja auch seine angenehmen Seiten. Und es ist für uns auch völlig okay, für die Menschen zu arbeiten. Schließlich bringt es Abwechslung in den Pferdealltag und hält uns körperlich und geistig fit – *vorausgesetzt*, wir landen bei einem Menschen mit Pferdeverstand!

Mir wurde plötzlich klar, dass es völlig egal war, ob man zur Arbeit einen Dressur-, Spring- oder Westernsattel trug. Und es war auch egal, ob man mit einem Wanderreitsattel, ohne Sattel oder mit einem Kutschgeschirr zur Arbeit ging – *jeder* Job konnte eine Bereicherung für das Pferdeleben, aber genau so gut eine Tortur bedeuten! Nach dieser Einsicht fühlte ich mich sehr weise und erwachsen. Und ich war froh, bei meiner Jenny gelandet zu sein.

Wie klein die Welt doch ist!

So vergingen zwei wunderschöne Jahre. Sunny und ich genossen die herrliche Zeit und hatten viele neue Freunde gefunden. Jenny konnte inzwischen sehr gut reiten, und ab und zu fuhren wir zum Turnier. Tja, ihr könnt es euch wohl denken, – wir sammelten jede Menge Schleifen und Pokale. Wir nahmen an Dressur- und Springprüfungen teil, und manchmal traf ich alte Bekannte auf den Turnieren. Ab und zu kam es auch vor, dass eines der Pferde aus unserem Reitstall auszog. Zum Beispiel, weil ihre Besitzer in eine andere Stadt zogen, weil sie sich einen eigenen kleinen Bauernhof kauften, auf den sie die Pferde mitnehmen konnten. Es gab viele verschiedene Gründe dafür. Aber es kamen immer wieder neue Pferde. Und da ich ja inzwischen gelernt hatte, dass man sich manchmal wiedertrifft, machte ich mir weniger Sorgen um sie als früher. So wunderte sich auch keines von uns Pferden, als eines Tages wieder eine Box für ein neues Pferd hergerichtet wurde. Aber, ich kann euch sagen, als ich dieses neue Pferd dann sah, da fielen mir fast die Augen aus dem Kopf! Der schöne, glänzende, muskulöse Fuchs, der da elegant und mutig herein stolziert kam, war … – Ich erkannte ihn kaum wieder, und auch ihr werdet es jetzt kaum glauben - es war … - mein bester Freund Fidel! Er hatte sich unglaublich verändert! Nichts war von dem kleinen, ängstlichen Weichei übrig geblieben. Er war ein wunderschönes, stolzes Pferd geworden. Ich staunte, und war unglaublich froh, ihn so zu sehen. Fidel erkannte mich natürlich auch sofort wieder. Und da wir zusammen auf die Wiese durften, hatten wir viel Gelegenheit, uns ausgiebig zu unterhalten.

Er gehörte immer noch Anke, und sie hatte sich sehr viel Mühe mit seiner Ausbildung gegeben. Jeden Tag hat sie ihm stundenlang immer wieder neue Sachen gezeigt. Sie hat ihn ermuntert, wenn er Angst hatte, und ausgiebig gelobt, wenn er seine Angst überwinden konnte. Es gab jetzt fast nichts mehr, wovor Fidel noch Angst hatte. Er war ein richtiger kleiner Held geworden. Ich war so stolz auf ihn! Und ich wünschte, Sonja hätte ihn so sehen können. Denn auch sie wäre sicherlich sehr, sehr stolz auf den Zwerg gewesen. Und sicher hätte sie ein paar Tränen verloren. Aber dieses Mal wären es wieder Freudentränen gewesen…

****

Wie schade, dass dieses Buch nun schon voll ist. Denn wenn ihr jetzt glaubt, dies wäre schon alles gewesen, was ich erlebt habe, dann habt ihr euch gewaltig getäuscht! Ihr glaubt ja gar nicht, wie viele spannende Geschichten ich noch zu berichten habe! Ich dachte auch, ich hätte nun schon viel erlebt, und ich ahnte noch nicht, dass mir die richtig großen Abenteuer meines Lebens erst noch bevorstehen sollten! Aber wer weiß, das Leben ist ja voller Überraschungen. Und vielleicht, (natürlich nur, wenn ihr es wollt), schreibe ich sie ja noch einmal für euch auf …

Nur eine Bitte habe ich noch an euch:

Lernt so viel über Pferde wie ihr nur könnt und glaubt niemals schon alles über Pferde zu wissen. Hört euch verschiedene Meinungen an und denkt darüber nach!

Die Klassisch- bzw. Englischreiter nennen es „Pferdeverstand“, die Westernreiter nennen es „Horsemanship“, doch im Grunde meinen beide Wörter das Gleiche – das Nachdenken über unsere Bedürfnisse und das Handeln in unserem Sinne!

Darum: Bitte, liebe Freunde – streitet euch nicht darüber, wie es heißen soll, sondern wendet es an! Gesündere, glücklichere und arbeitsfreudige Pferde werden der Dank dafür sein!

Bis bald, euer Geronimo!

Die Autorin

Lydia Albersmann wurde am 12. März 1968 in Köln geboren. Seit frühester Kindheit hat sie jede Minute ihrer Freizeit mit Pferden verbracht. Und weil ihr das noch nicht ausreichte, beschloss sie ihr Hobby zum Beruf zu machen, und arbeitete einige Jahre hauptberuflich als Pferdepflegerin. Nach erfolgreichem Abschluss eines Grafikdesign-Studiums ist sie seit Februar 2004 als freie Illustratorin und Schriftstellerin tätig. Die Pferde sind weiterhin ihre große Leidenschaft und Inspiration für Bücher und Zeichnungen. Weitere Bücher von Lydia Albersmann:

Geronimos Pferdegeschichten

Der kesse Schimmel erzählt weiter

Auf vielfachen Wunsch seiner Fans erzählt Geronimo weiter von den Herausforderungen, die das Leben an ihn und seine vierbeinigen Kollegen so stellt. Dabei sorgt Ronny in seiner gewohnt liebenswürdigen Art wieder für die perfekte Mischung von lustigen, spannenden, aber auch traurigen Geschichten aus dem Pferdealltag …

Floppy
Der Hund vom anderen Stern

Eine etwas andere Hundegeschichte…

Auch wenn es in diesem Buch streng genommen um einen kleinen Außerirdischen geht, so sind die Grenzen zu einer Hundegeschichte doch fließend, denn der liebenswerte kleine Außerirdische lebt für ein Jahr als Hund getarnt unter Menschen und Hunden. So muss er nicht nur darauf achten, dass er unerkannt bleibt, sondern hat auch mit den Problemen zu kämpfen, denen auch irdische Hunde oft gegenüberstehen. Und als Hund hat man es im Leben nicht immer leicht, wie uns die Geschichte aufzeigt …

Empfohlen ab 8 Jahren, aber auch für jung gebliebene Erwachsene - besonders für Hunde- & Tierfreunde!

Chaoso

Ein Kater sorgt für Stimmung

Der Mensch als solcher ist ein undankbares Wesen. Kaum zeigt sich die Katze kreativ und unternimmt etwas in Eigeninitiative, da hat der Mensch schon wieder etwas zu mäkeln. Maine-Coon Kater Chaoso lässt sich davon jedoch nicht beirren. Der freche Kater erzählt hier aus seiner Sicht und mit viel Humor über das Zusammenleben mit Menschen, Hunden und anderen Plagen...

Eine ideale Lektüre für Katzenfreunde, die gerne ihre Lachmuskeln trainieren.

Mehr Infos zur Autorin, zu diesen und weiteren Büchern gibt es im Internet unter:

www.lydia-albersmann.de